施以諾 的
樂活處方

用錢買不到的50帖開心良方

在壓力大、忙碌的現代生活，
你需要樂活的處方

施以諾 ———— 著
精神科職能治療領域主任級治療師、學者、知名作家

送給

祝：

天天喜樂！平安健康！

這世界充滿了不確定性，
我們不知未來疫情的影響會有多深遠、
不知明天社會經濟會有怎樣的變化，
但我們可以掌握住健康的思想與健康的人際關係，
讓我們更喜樂的生活。在這個充滿不確定的世代，
讓我們一起學習本書中所說的：

活得像鴿子一樣善良、
活得像蛇一樣靈巧、
活得像驢駒一樣謙卑、
活得如鷹一樣高飛！

敬贈

各方好評

自序

Part 1 活得像鴿子一樣善良

Part 2

活得像蛇一樣靈巧

Part 3

活得像驢駒一樣謙卑

Part 4

活得如鷹一樣高飛

各方好評（按姓氏筆劃序）

賴清德——第十五任副總統

施以諾博士寫的書過去曾兩度獲得政府「優良課外讀物推介」，以及一些獎項，是有社會影響力的作家，亦是優秀的精神科職能治療專家。在武漢肺炎防疫期間大家宅在家的時間變多了，可以多讀幾本好書，我在此要特別誠摯推薦這本《施以諾的樂活處方》。

劉曉亭——電視節目「劉三講古」主持人

全球疫情讓人見識到什麼都可以搶的「恐慌力量」。且讓作者在醫學專業背景下以四個不同的角度帶領大家「心靈防疫」！

鄭忠信──基督教論壇報社 社長

施以諾是一個好牧人施達雄的孩子，承襲了他父親牧家的血統，他就跟一般精神科治療師不太一樣，總是帶著好牧者心情看待病人，也影響他的心思細膩帶著憐憫心懷寫文章，有時好似開刀醫生，一針見血單刀直入問題，有時又能用牧者心情緩慢訴說排解人的問題，使人安定。

葉炳強──輔仁大學醫學院 院長

《施以諾的樂活處方》符合非藥物治療最好原則，對心理健康很適切，也是最好的補品。與施以諾共事多年，他的思、言、行都活出這樣的正善之念。

黃瑽寧——馬偕兒童醫院小兒感染科主治醫師

「喜樂的心，乃是良藥；憂傷的靈，使骨枯乾。」聖經上這句箴言，並不是神學，而是紮紮實實的醫學。因此，就讓我們從《施以諾的樂活處方》一書，找到喜樂的訣竅，一起提升免疫力，戰勝各種疾病吧！

夏嘉璐——TVBS 新聞主播

執筆的此刻，全球正因 COVID-19 疫情陷入極大震盪，以諾老師卻能帶出「馴良如鴿、靈巧像蛇、謙卑如驢、如鷹展翅」的樂活處方，真是現下讓我們保有喜樂心靈的良方。

曾國烈——玉山銀行董事長

每一帖心靈藥方都令人深思！非常推薦運用本書作為職場小組、讀書會以及各種分享小組的討論教材。

江漢聲——輔仁大學校長、臺灣醫療典範獎得主

一位虔誠的基督徒，同時是一位精神科的治療師，以諾以他對世俗人身心靈痼疾的敏感度，幽幽道出如何翻轉生活的逆境，篇篇宛如聖詩的處方箋！

自序
心情穩定，有助於維持免疫力

很多醫學研究均指出，心情穩定，有助於維持免疫力。但我們也不得不承認，在這個壓力爆表、爾虞我詐的世代，心情要穩定，很難，真的很難。不要說別人，我本身是個精神科職能治療學者，但我也會有情緒低落或不穩的時候，畢竟我們都不是聖人。

但我很幸運的是，我的信仰教導了我許多面對壓力的方法與人生抉擇的原則，這些方法與原則常在生活中幫助我，是以我將之整理成《施以諾的樂活處方》這本書。

這本《施以諾的樂活處方》不談侵入性療法、不談飲食、不談藥物，只輕鬆地談談一些處世法則，幫助您我一起有效的面對壓力與攻訐。

也謝謝八位社會賢達、長輩、好友，在百忙之中為這本書寫了推薦短序。心情穩定，有助於維持免疫力！願這本書成為多人在生活中的祝福。

Part 1

活得像鴿子一樣善良

第1帖 幸福，不是靠計較來的，是靠計畫來的

瑪莉是一位職場女性，她總提醒自己「若善良過頭」會吃虧，是以習慣性的在職場上為自己發聲：「為什麼這件事是我來做？」「為什麼別人出差的行程比我輕鬆？」甚至連日常購物時，即便已是公定價，她也可以習慣性的跟做小本生意的商家爭取：「為什麼不能再算我便宜一點？」甚至在婚姻裡，她也很喜歡比較，是以常埋怨先生和夫家：「為什麼別人家娶媳婦時，都給了她們很多好處，而我進這個家門時，你們沒有給我這些？」好為自己在婚姻裡爭取更多權益。幾年過去了，她在職場上的成就數十年如一日，因為沒有人願意、也沒有人敢把工作託付給她；生活中許多人也對她敬而遠之，因為她太會計較小事、咄咄逼人；而她的婚姻也因

為她太喜歡比較與爭取，而導致瀕臨離婚的下場。計較，沒有讓她的人生變得更福分。

這讓我想到我的一位長輩，白手起家，沒什麼資源，但這樣的處境反而讓他因此事事謹慎、善於規劃，且也願為他人著想。幾年下來，他的事業、人際、婚姻，都比前面這位自以為精明的小姐要成功得多。

我喜歡跟旁人分享：幸福，不是靠「計較」來的，而是靠「計畫」來的！很多人很善於精算自己的付出，不願意吃一點虧，卻反而成了小器，而以這樣的器量，又能為自己舀起多大的福分呢？一個大器的人，必然懂得把時間多運用於規劃自己的人生，讓自己有目標、並逐年成長，而不是事事計較，總是把自己人生的不順遂給歸咎於是別人虧待了自己、歸咎於別人沒有為自己設想好，試問，您不好好計劃自己的人生，別人有何義務或能力可以為您規劃好一切？

「計較」與「計畫」這兩者雖不能說是相悖的反義詞，但上帝很公平，給每個人一天都是二十四小時，您怎麼使用您的時間？如果您習慣把時間用在計較一些小事上，甚至成天為那些瑣事耿耿於懷，您就注定只能成為一個小格局的人；如果您習慣把時間用在積極計劃自己的未來，讓自己越來越好，屆時一些瑣事根本不足以傷您。

人生，本來就不可能事事順心、如意，職場上也沒有人有義務要替您量身訂作去規劃適合您的未來，人要懂得有計畫的栽培自己。面對人生中的種種不順，少計較、多計畫，才是獲得幸福的時間運用法則。

你今天樂活了嗎？

許多人喜歡強調要「馴良像鴿子」，但鴿子也是一種極有「方向感」的鳥類！

您是一個有方向感、善於計畫的人嗎？

切記，幸福不是靠「計較」來的，而是靠「計畫」來的！

第2帖 樂觀，比客觀更造就人

我國中時有段時間功課很差！而且還不只是功課差而已，體育也不行、然後又很內向，是以當時曾有師長對我父母說：「這孩子將來難有什麼好出息，國中畢業後給他隨便找間學校念了畢業就算了。」我父母親聽了當然不好受，但他們當時並沒有把那位師長的話如實告訴我，而是不斷鼓勵我，所以我慢慢也進步了。後來，我竟然二十多歲就開始在大學專任教職，也拿到了博士學位，到很後來，我父親才跟我講當時那位師長對我的預測，當然，我後來的表現，跟當年師長的預測顯然很不一樣。

平心而論，當年那位師長對我的預測並沒有惡意、也沒有錯，屬於「客觀」論述，但什麼是讓我轉變的關鍵，應該是我父母對我未來人生的「樂觀」以待，他們深信上帝所創造的每一個孩子都有無可取代的價值，沒有誰該是從年少時就被注定將來無法有好表現的！栽培一個孩子，有時樂觀，比客觀更能造就之。

客觀並沒有不好，但人生若只剩下客觀、而少了樂觀，則恐怕很多歷史都要改寫了。這讓我聯想到歷史上的大衛王，有一年，他的兒子押沙龍叛變，打得他措手不及、四處逃竄！當時的情況非常危急，種種情勢都對大衛王相當不利，包括押沙龍是個長相俊美、善於攏絡人心的天生政客、政壇帥哥，且當時押沙龍在軍事上還占了上風，一副整個以色列帝國都要被押沙龍給奪去了的態勢，以致當大衛王四處奔逃時，許多人連接濟他都不太敢。我們不難想像那是何等的慘況。

是以當時大衛王曾寫有這樣的詩詞作品被流傳下來：「我的敵人何其加增，有許多人起來攻擊我。有許多人議論我說，他得不著神的幫助。」坦白說，這是當時的客觀描述，當時的大衛王真的是個喪家之犬、過街老鼠，但他的詩詞作品卻也在後半段馬上宣告：「但你—耶和華（以色列民族對上天的稱呼）是我四圍的盾牌，是我的榮耀，又是叫我擡起頭來的。」這是大衛王很不一樣的人格特質，他總是在失喪中仍能保有樂觀的盼望。

客觀，絕不是不好，但如果當年被押沙龍給追殺的大衛王只剩下對自己現狀的客觀分析，那麼，他應該就可以直接宣布投降、謝謝收看了！然後歷史也很可能就會改寫。大衛王面對人生的態度，很值得現今的您我學習。

親愛的朋友，您覺得自己或自己孩子的生命中，有哪些客觀的不利條件嗎？人生，客觀當然重要，但千萬不能只剩下客觀！也要懂得對自己表現不好的孩子、或是對自己不如意的現況有點樂觀，我們的人生才有可能經歷到意想不到的驚喜與翻轉。

你今天樂活了嗎？

您覺得自己或哪個所愛的人似已前途無「亮」了嗎？客觀來講也許是，但有時對人多點樂觀、多點正向支持，反而可以激發出其無限的潛力。

第3帖 體貼，就從「話少」開始

在臨床上我會談過不少病人，也曾有許多病人來跟我道謝過，印象中我最常被病人感謝的話不一定是「你這句話對我幫助很大」、「你的建議對我人生影響很大」，而是「謝謝你願意聽我講這麼多」。換句話說，竟有不少個案覺得我對他們最大的療癒作用是靜靜地聽他們講。

這讓我想起兩個例子，有個男人曾經失業半年，但他太太卻有不錯的工作！他很感謝他太太那半年給他的幫助，而他太太在他那半年的人生低谷中給他的幫助，並不是聒噪的在不斷的給意見，而是常默默的在他的口袋中放錢，以免他這個老公在外沒錢可用。以他太太的工作能力或經驗，絕對可以對失業的他講出不少「工作經」，但他太太卻選擇默默支持，而這麼做也顧及了那男人的自尊心，反而讓她的丈夫後來更有自信能積極再起。

當然，也有失敗的例子，中東古代歷史上曾有個名人叫約伯，他算是個家境富足的人，但人生中卻曾一度陷入家破人亡，當時他有三個朋友想來安慰他，然而，卻是急著不停地為他分析原因、不停地給意見、不停地講話，甚至是說教式的指責約伯可能哪裡做得不夠好，所以才會遭逢巨變。依文獻記載，這三個好心但話多的朋友，帶給約伯的不是安慰，卻反而是更多的痛苦。

體貼，就從「話少」開始！這無論在人際關係、家庭關係、朋友關係上都是如此，您是一個話多的人？其實在這個資訊通膨的世代，許多道理人人都懂，勵志名言到處都是，是以當一個人身陷低潮時，並不缺這些資訊，需要的是傾聽，而不是有人在他耳邊「一直講、一直講、一直講」。

也許有些話多的朋友會對我上述的提醒覺得不服氣！但容我這麼說：您當然可以繼續用您話多的習慣去向傷心的人表達您的關心，您當然可以繼續在第一時間對著低潮的人一直講、一直講、一直講，但等您開始意識到自己和別人的互動關係因此而不斷碰壁之後，還是歡迎您靜下心來，把我這篇文章給再讀一次。

體貼，就從話少開始！願我們都有這樣的智慧。

你今天樂活了嗎？

您有因為話多而弄巧成拙的經驗嗎？
有時話少一點，反而更能幫助人。

第4帖 人生圓滿不是靠「成家」，而是靠「成熟」

人生樂活、圓滿的要件是什麼？曾聽過一些前輩在臺上疾呼，說人一定要努力成家、並且生養眾多，這才符合造物主的期待、人生才圓滿；甚至暗喻彷彿沒結婚就是一種上天的懲罰，或虧欠上天的行為。容我先在此這麼回應這種論點，以上這種論點絕對是胡扯亂講！我們的造物主沒有這麼膚淺！

很多人都有一種迷思或壓力，就是人生圓滿一定要「成家」，一個人如果不成家，甚麼敗犬、剩女、剩男之類的頭銜就被人在背後給統統為他們冠上了。成家是人生圓滿的關鍵嗎？在歷史上多少文學家說過婚姻是戀愛墳墓、是鳥籠之類的比喻，而且還得到過歷代不少人的共鳴。我也見過有些人高調離婚，之後又高調結婚，然後又再高調離婚的，當然，在他們嘴裡，有錯的全是「另一半們」，總之，婚姻顯然並沒有讓他們的人生圓滿。

當然，婚姻美滿者也大有人在！但君信否？在我身邊有許多條件相當不錯的單身漢或單身女漢們，個性好、處事佳，在我眼中，沒有婚姻的他們，人生一點都沒有不圓滿，我在他們的言談中，並沒有嗅到甚麼苦毒或怨憤，他們未來會不會成家我不知道，如果要我形容我那些朋友的人格特質，我會說他們是很「成熟」的人。一個人若人格是成熟的，不管成不成家，他的人生都會是圓滿的；相反的，一個人格不成熟的人，就算成了家，那也是場災難。

人生圓滿不是靠「成家」，而是靠「成熟」！您是一個成熟的人嗎？您懂不懂得客觀看事情、不憤世嫉俗？懂不懂得找到一個益己利人的人生方向或定位？懂不懂得禮貌的表達自己的立場？還是一見到不同的觀點就鬥到底？懂不懂得把常說造就人的好話給變成習慣？如果懂，那恭喜您，您的人生怎樣都幸福、都圓滿。

最後，我要對那些曾經被「一定要努力成家，才是造物主眼中的正途」這類的論述給傷害過、或嘲諷過的單身朋友們說：千萬別讓那樣的話來控訴自己！請理直氣壯地繼續過您的人生！因為我相信造物主深深愛著每一個人，是以祂關心您的心是否成熟、是否過得怡然自得，遠勝過關心您有沒有成家、有沒有結婚證書。因為成熟才是幸福、樂活的真正關鍵！

你今天樂活了嗎？

千萬不要覺得沒有成家就矮人一截，歷史上許多偉人都單身，但因著他們的成熟人格，他們不但過得幸福，還影響了世界。

第5帖 如果人生如戲，那麼「行善」就是這齣戲的「彩蛋」

人生像什麼？曾有人形容，人的一生就像一部電影，就連《聖經》上也有句頗具詩意的話：我們成了一齣戲，演給天使跟世人看。

而現在的電影，似乎都很流行在片中隱藏著「彩蛋」，意即在劇情中會有些小插曲或片段，看似不影響整部片的劇情走向，但卻可能引出另一部電影的脈絡！

如果您我的人生如戲、如一部電影，那麼什麼又會是我們人生這部電影中的「彩蛋」呢？我認為是我們某些不經意的「行善」，有時可能只是您對某個人一句鼓勵的話、或是一個小小的提拔，也許在您的人生中這只是個小事，但卻可能大大影響了對方的人生，造就了他的人生成了另一部精彩的電影！

我舉個例子，清末有個英籍宣教士李提摩太，他的一生如果拍成電影，將是一部精彩的鉅片！因為他跟後來許多的宣教士注重拓植教堂的作法很不一樣，他注重文字事工、辦報紙、辦大學，也看重對當時清末知識分子的宣教，認為若先影響了讀書人，就可以進而影響整個華人社會。

而身為一個宣教士，李提摩太的影響力有多大？當年孫中山先生的

〈上李鴻章書〉，就是選擇投稿在他所主持的報紙上發表！清末名家康有為、張之洞皆是他的好友，梁啟超年輕時曾經擔任過他的秘書。李提摩太甚至還參與過不少施藥、賑災的善行，清朝政府後來還頒給他一品頂戴的殊榮。他的人生本身就夠精彩了！

而在他人生中有個小插曲，有一次他舉辦了一個徵文比賽，那年有個吸毒的秀才「席子直」得了獎，因著這次徵文比賽，他認識了這位文采極佳的讀書人，並得知他深陷吸毒的陋習且無法自拔，便以信仰的力量幫助了他。後來，席子直不但戒了毒，並在痛改前非後改名為「席勝魔」，開始大力推廣戒毒運動！成為華人戒毒史上很具傳奇性的人物。那次徵文比賽在李提摩太的一生中算不得什麼，但因著他的這一點小善行，席子直的人生從此大不一樣，彷彿成了另一齣精彩的電影！這大概是李提摩太當年所意想不到的。

如果人生如電影，那麼「行善」就是這部電影的「彩蛋」，可以引發別人的人生成為更精彩的電影！無怪乎《聖經》也叮嚀我們「又要彼此相顧，激發愛心，勉勵行善。」（希伯來書 10：24）親愛的朋友，您的人生有「彩蛋」嗎？一點小小的善行，可能就會成就另一個人的精彩人生！何樂而不為呢？

你今天樂活了嗎？

今天您所做的一件助人小事，將來可能讓對方感念一生，甚至改變其一生。所以千萬別忽略自己善行的影響力喔！

第6帖 別拿自己的現實人生，去和別人的精彩片段作比較

有位年輕媽媽正從廚房裡出來、坐在沙發上準備休息一下，打開手機看到社群軟體上有個自己的高中同學，正高調貼出她先生送給她的花，忽然覺得一陣沮喪，怎麼自己今天正辛苦的煮飯，但同年齡的她卻正在接受獻花呢？

也曾有位上班族正在上班空檔休息時，不經意的瞥見一則關於自己職場上一位同儕被媒體給專訪的報導，在報導中，他那位友人被記者給以一

個既專業又採光大器的角度給拍了張帥照，他不禁想到自己剛才在會議室裡狼狽報告的樣子，覺得自己的人生真是太不爭氣了。

親愛的朋友，上述兩個例子中的感慨情緒，會否也常發生在您我的日常生活中？其實很多時候，許多鬱悶的情緒來自於「比較失當」！很多人常喜歡拿自己的「現實人生」，去和別人的「精彩片段」作比較，以致陷入不必要的自卑或憂鬱。當我們看到別人在曬恩愛、或在賣弄某些一時成就的瞬間時，我們會拿他們那瞬間的美好或高峰，去比對自己每天常見的日常，甚至是比對自己每天最辛勞的時刻；事實上，家家有本難念的經，您怎知那些人在突顯他們某些令人稱羡的瞬間時，他們其他的時間有過得比您更幸福、更得意？別拿自己的現實人生，去和別人的精彩片段作比較！這種比較根本不客觀，且只會讓自己陷入無意義的鬱悶當中。

上帝賜給每個人有不同的精彩，也給每個人不同的功課與人生歷程。即便一個人會有某些瞬間特別令旁人羨慕，但我們要想通：人生，就像一部持續播放的寫實紀錄片，沒有人的人生是可以只「定格」在某些精彩瞬間的，每個人的生活有各自的柴米油鹽醬醋茶之現實面要去面對。別拿自己的現實人生，去和別人的精彩片段作比較！這，是自找憂鬱。不是嗎？

你今天樂活了嗎？

社交網路很好，但重點在分享而非比較！

有時也別太認真看待社交網路上的炫耀照片或文字。

第7帖 憂鬱就像小偷，會偷走你的時間

每個人在生活中或多或少都會憂鬱，而人憂鬱起來會怎麼樣？除了情緒的低潮以外，憂鬱，常會讓人什麼事也不想做。是以常可以聽到心情低潮的人們說：「我什麼事情都不想做，我現在很憂鬱耶！」

就連西方歷史上有名的帝王詩人大衛王，也曾在低潮時作詩形容他當下的心情，詩詞中提到：「我終日哀痛、身體疲倦、我力衰微，連我眼中的光也沒有了。」以上是節錄自他一段非常有名的詩篇中的字句，他形容自己「終日」無法提起勁來做事，兩眼無光。而若要以現代精神醫療照護

的角度來看這段詩篇，我必須說，他寫得非常傳神！他用文學描繪出了許多受憂鬱影響的人的心境。很多人問我「憂鬱」這種情緒究竟像什麼？我常形容，憂鬱就像個「小偷」，它專偷你的「時間」，讓您沒時間工作、沒時間經營人際關係、沒時間好好思考，最後呢？也讓您失去了前景、失去了人緣、失去了機會、失去了人生藍圖。

可不是嗎？憂鬱就像個小偷，它會偷走你的時間，讓你在不知不覺間把許多時間都給了它，最後你自己甚麼事也做不了！就如大衛王當年在詩詞中所形容的，憂鬱，讓他「終日」無法提起勁來做事一樣。值得省思的是，大衛王時常在詩篇中提到自己的憂鬱情緒，然而，大衛王後來在歷史上卻還是很有成就，原因在哪裡？原因在於他懂得「別讓自己把憂鬱給當作長久無所事事的藉口」，在他憂鬱時，他仍設法靠著信仰能走出來、並做點事。

每個人都會有憂鬱的時候，都會需要有時間讓自己放空、充電、獨處，且每個人所需的時間長短不一樣；但要懂得別讓自己把憂鬱給當作長久無所事事的藉口，否則若一天到晚把「我什麼都不想做，我現在很憂鬱耶」給掛在嘴邊，甚至食髓知味，變成一種習慣，那就慘了。

心理職能治療有個常用的核心輔導理念——「To do is to be」，你做甚麼，就會變成甚麼！你讓什麼樣的行為、活動占據了你的時間，你就會是什麼樣的人；心情不好時，唉聲嘆氣、無所作為是一天，找點有意義的事來做、轉移注意力也是一天，但前者是惡性循環，後者則有利於我們累積實力、走出困境。

人都會憂鬱，但不要讓憂鬱「偷」走你太多時間。要埋怨、要放空、要泣訴，都可以，但給自己一個時間上的停損點，時候到了，給自己安排一些活動來轉移注意力、或繼續成長，不要讓憂鬱悄悄的把你整個人生都偷走了而不自覺。

你今天樂活了嗎？

這世上有很多事會讓我們感到憂鬱、氣餒，但要懂得設個停損點，因為值得我們去做的事還很多。

第8帖 請把你的「存在感」，「刷」在別人真正的需要上

曾經受邀在北醫擔任一場災後心理重建工作坊的回應人，那天的工作坊除了國內外學者專家之外，也有來自受災區的一些代表；有些代表特別語重心長地提到，在災後常有許多公益、宗教團體高調的前來幫助他們，帶了很多套裝的課程進入災區想幫助民眾，但那些課程卻沒有貼近當地人的文化與當下需要，最後反而是當地人必須要去「配合」參加那些人所提供的課程，甚至弄到後來，那些課程反而對當地人造成困擾，也讓那些團體在當地的所作所為引發反感。

許多人評論某些高調進去災區的公益、宗教團體只是想刷存在感、沒有愛心。但講句公道話，任何人若有想「刷存在感」的心理，其實都無可厚非，因為人本來就需要覺得自己是有存在價值的，這也是人類跟一般的走獸之所以不同之處。而那些團體也絕對不會沒有愛心，完全沒有愛心的人們根本不會去災區付出，只是那些人可能真的忽略了，愛，最難的不是「付出」，而是「理解」；愛，不是照自己以為對、以為好的方式去對一個人付出，而是有同理心的去瞭解受助者真正的想法與需要。是以講句客觀的結論：刷存在感並沒有錯，但要懂得「把你的存在感，刷在別人真正的需要上」！否則您的愛現，反而會落得損人不利己。

想刷存在感並沒有錯，但想一想，在日常生活中，您有沒有做到「把你的存在感，刷在別人真正的需要上」？您在給人意見或幫助時，有沒有先真心地去瞭解對方真正的需要？還是只是急著把建議給說出口，以期在受助者面前展現自己的智識、人脈、優越？出這種風頭，對當事人的助益恐怕極為有限。

請把你的存在感，刷在別人真正的需要上！否則若刷錯地方了，刷到最後刷壞了自己的形象、刷壞了彼此的關係，反而會讓眾人覺得您的存在是個負數，那將是多麼罔的場面，您說是嗎？

你今天樂活了嗎？

想刷存在感是人之常情，但要學習刷得對人有益，否則反而會有反效果。

第9帖 有一種病，叫作「偽善，急欲人知」

助人，是件美事，但偶爾在社群網路上看到一種現象，讓我覺得頗為不妥。有時某些少數人去醫院探病時，會非常的高調，高調到把受助者的姓名、診斷、家庭狀況等資料全在自己的社群網路上給寫出來，也不知當事人或家屬皆同意否？有時甚至會在自己為他們做祝福的動作時，刻意請旁人側拍了張照，以便自己能上傳網路；所不同的是，照片中的受助者因為生病的關係，往往面容憔悴、甚至狼狽的穿著醫院的病服入鏡，而施助者呢？自然是穿著出門前挑好的衣服、喬好了位置，光鮮入鏡。其實在醫療倫理上，把病人的隱私和照片給流出，是極具爭議的事情，只是或許有些人太想建立自己的好名聲，因而忽略了受助者或其家屬們的感受。

在醫學上，或許那些受助的患者才是病人，但在心靈上，恐怕那些高調的探病者本身其實也有「病」！也有心病，那種病，叫作「偽善，急欲人知」！可不是嗎？何謂「偽善」？意即虛偽的良善、虛假的愛心，雖說在行為上看似是做了好事，但主要的動機其實是要成就自己，是以急欲想讓人知曉這一切。

無怪乎《聖經》上有兩句形容「愛」的經典敘述：「愛是不自誇。」「你右手所做的不要讓左手知道。」顯然這裡所說的愛，是一種單純的愛，是一種單純的付出，而不是演出，不是為了要讓自己能夠公開誇口、張揚炫耀。

平心而論，我們都不是聖人，都會希望自己的善行能廣為人所知，其實這麼做，有時確實也有帶頭示範、引領風氣的正面意義，但「底線」恐怕就在於「不應消費受助者的隱私」！此原則不只適用於探病，也適用於任何的關懷、施助行為。

有一種心病，叫作「偽善，急欲人知」。千萬不要覺得您我不會落入那樣的行徑，當我們過度執著於想彰顯自己的權柄或善行時，稍有不甚，我們就會開始出賣受助者的隱私而不自覺；然而，這麼做並無法讓我們獲得真正的滿足與喜樂，反而會讓我們落入更深的病態得失心之中，以致越陷越深。讓我們一起學習不為自誇、不為炫耀的單純愛心，讓受助者沒有負擔，也讓我們本身能感受到真正的輕省與甘甜。

你今天樂活了嗎？

助人，但不消費當事人，我們才能從中得到真正的喜樂。

第10帖

坐頭等艙的不一定是頭等人 慎防「法利賽人症候群」上身

曾經讀過一個故事，說到一位擁有受人尊敬之社會地位的男士，有次搭飛機買了頭等艙，一坐下之後，發現身邊坐了個某特殊族群的人，這讓他很不滿，便要求空服員讓隔壁的那人換位置，認為對方不配坐在自己旁邊。空服員覺得很為難，但那人卻越嚷越大聲，強勢的要求換掉自己旁邊的那乘客。眼看飛機就要起飛了，其他乘客也都注意到了這一幕尷尬的畫面，空服員只能說：「我去跟上級長官討論一下。」那個有社會地位的男子聽了滿意的點點頭。

不久後，那位空服員回到頭等艙，對那男子說：「先生，我們討論了以後，覺得您說得有道理，的確不是每個人都適合坐頭等艙。」緊接著說：「我們決定請您換到後面的經濟艙，差額公司會再退費給您。」那位歧視身邊特殊族群人士的男子愣了一下，緊接著，頭等艙裡響起一陣旁觀者的歡呼與掌聲！

如果要我為這故事下一個註解，我會說「坐頭等艙的不一定是頭等人」！可不是嗎？故事中那位有社會地位的男子也許有某方面的過人之處或傲人頭銜，也買得起頭等艙位，但他的人品與心態之醜陋、低下，肯定稱不上是個「頭等人」，充滿歧視與優越感的觀點與嘴臉，顯得其品格只稱得上是次次等的境界，甚至差到令人作嘔。

親愛的朋友，您也有某方面的頭銜或地位嗎？或是您也嚮往某些頭銜或地位嗎？其實這些絕非壞事，但要謹慎別讓自己的心變了質。記得曾有文獻記載，耶穌曾經評論當時在宗教界擁有很高地位的「法利賽人」們，說他們「喜愛會堂裡的高位，筵席上的首座」，但是看似高尚的背後，耶穌卻點出實際上的他們卻是「侵吞寡婦的家產，假意做很長的禱告」，並評論這些假冒為善的法利賽人，說：「這些人要受更重的刑罰！」

親愛的朋友，我們要有分辨的智慧，無論是在職場上、商場上、學術界、宗教界，不要盲目的崇拜某些上位者，因為很多時候「坐頭等艙的不一定是頭等人」！有些能坐上高位或首座的人不一定就代表他們有高尚的品格，可能只是包裝得好或徒有虛財；更重要的是，如果有一天您自己在某方面坐上了高位或首座，也切記！不要讓自己的心變了質！要慎防「法利賽人症候群」出現在自己身上，要讓自己所活出的品格真正能配得上您所坐的高位，而不是一個「位高品低」的人。

你今天樂活了嗎？

無論爬到怎樣樣的職務，或擁有怎樣的身分，都不要失去應有的良善與原則。

第11帖 長久懷怒的人，就像「帶原者」

A是個在成長過程中有著不錯學歷的青年，但卻似乎有些時不我予，在社會上未能如自己想像的那般有成就，雖然日子過得不差，但這卻使得他對自己的現況耿耿於懷、忿然不已，變得易怒而敏感，常整天因著一點小事而對家人「唉啊！唉啊！」的嘆吼著！讓氣氛負面不已。無獨有偶，後來他的孩子也常被人給抱怨有情緒方面的問題，後來，那位家長帶著孩子去請益一位兒童職能治療師，治療師細心的幫助了孩子好一段時間，也漸漸跟那位家長有了更高的互動頻率。有一次，治療師語重心長地跟那位易怒的家長說：「您如果要您的孩子情緒穩定些，您可能要先察覺自己的問題，您如果常易帶有怒氣，您孩子耳濡目染下也會有這樣的行徑。」那位家長聽了有如當頭棒喝。

B是個公司新上任的高階經理人，他心中其實一直很在意過去在職場上曾經傷害過他的某人，一想到就會咬牙切齒，即便後來他已高升至不錯的職位，他仍無法釋懷，常一想起過去那人曾對不起他的地方，就遷怒式的毒舌批評同事們，弄得人人畏之，後來，他所負責的整間部門使得辦公室氣氛都起了微妙變化，許多員工在辦公室裡講話也變得更刻薄，犀利的工作氛圍，甚至弄得員工們回到家跟家人講話的方式都變得不耐。

上述的A、B都是真實的案例，說到怒氣，我很喜歡《聖經》裡許多人性化的情緒管理教導，比方說《聖經》並沒有說我們在日常生活中「不可發怒」，因為沒人做得到、且完全不會發怒也不見得就好，但卻提醒我們要懂得「不可含怒到日落」，意思是不宜長久懷怒，否則對自己、對旁人都有害。

可不是嗎？怒氣，是會傳染的！誠如上述案例中，那位長久懷怒的家長不知不覺的把易怒的特質傳染給了自己的孩子，那位長久懷怒的經理人也把自己忿然、偏激的風格傳染給了同事，甚至間接影響了同事的家人，類似的情況在生活中並不難見。人，絕非不可生氣，但長久懷怒的人，就像「帶原者」！會把這樣的負面人格傳染給自己身邊的人。下次當我們感到悶憤、生氣時，提醒自己，務必設個停損點，人生很多事情本來就不可能如己所想像、預料的那般理想、如意，別讓自己成了「帶原者」，別讓自己的存在，成了別人的心靈病原，損己又損人。

你今天樂活了嗎？

您是一個容易生氣的人嗎？別讓這樣的習慣「傳染」給身邊的人，影響了家裡、辦公室裡的氛圍。

第12帖 您是「復愁者聯盟」的成員嗎？

曾經聽過一個故事，說到一個喜劇演員在一個舞臺上跟大眾說了個笑話，臺下一陣哄堂大笑，接著，他又把同樣的笑話重覆說了一遍，笑的人明顯變少了，緊接著他又說了第三遍，這時幾乎沒有人笑。

緊接著，這位知名的喜劇演員說：「如果我們不會因著同樣一個笑話而一再笑下去，那麼我們為什麼要為了同一件事，而一而再、再而三的難過下去呢？」

這是一個很有趣的故事，有部很紅的系列電影叫「復仇者聯盟」，我常覺得有時我們很容易成為「復愁者聯盟」的成員！不斷重複的為著同一件事而憂愁著！但這樣的憂愁卻對我們沒什麼幫助。

當然，我們都不是聖人，都會有陷入憂愁的時候，身為一個精神科職能治療學者，我願意跟大家分享以下三個建言：

1 學習「凡事盡力，結果交給上帝」的心態：上帝不會以成敗論您的價值，祂看的是您的動機與過程。凡事盡力，結果交給上帝，即便結果不如預期的順利，說不定眼前的不順利，反而會帶來之後更大的豐盛。

2 避免做重大決定：當人陷入憂鬱時，有時也會失去理性與盼望，這時避免做出重大決定，以免未來的自己後悔。一個人在低潮、激動時所做出的衝動決定，往往會對未來的人生造成惡性循環。

3 避免高消費（消耗）的活動：很多的「活動」都可以改善身心狀況，但憂鬱時盡量避免獨自一人去從事高消費、高消耗健康的活動，包括獨自一人去瘋狂購物、狂吃東西等，這些活動也許一時之間有發洩的效果，但等到您事過境遷、回過神後，事後的帳單或是增加的體重，又會再變成您新的鬱悶因子。憂鬱時，先離信用卡跟冰箱之類的東西遠一點吧！

您是「復愁者聯盟」的成員嗎？您常一再週而「復」始陷入憂「愁」的情緒嗎？我們很難避免憂愁，但我們可以選擇謹記上述三個叮嚀，至少可以避免一再「復愁」，將憂愁的傷害降到最低。

你今天樂活了嗎？

沒有人能夠不陷入憂愁，但憂愁時，務必記得本文所提的三點提醒，才不會讓自己在憂愁時做出更令自己往後會後悔的事，陷入惡性循環。

第13帖
什麼是「帥」？「就是敢理直氣壯的愛家人」

記得有一次跟《臺灣醒報》創辦人林意玲社長同桌吃飯，席間林社長提到了二十多年前的一件往事，當時她跟幾位社會賢達打算約某一天晚上，一起來討論一些重要、且有益於國家社會的事，每個人都可以在某天晚上出席討論，唯有一位白董事長那天就是無法抽出空來。其實大家都是大忙人！所以許多人納悶到底那位白董事長到底是有怎樣重要的事情？為何其他人都能夠撥空了，唯獨那位白董事長無法排開那天的時間？在幾近逼問之下，那位白董事長終於吐出了實情：「那天晚上，我已答應了要陪我女兒作功課。」

林社長回憶道，當時那群忙碌的社會賢達，一聽到白董事長的理由竟是「要陪女兒作功課」時，大家不但沒有再不諒解他，反而對他有種肅然起敬的感覺。

那位白董事長我沒有機會見過面，但說真的，我真心覺得那位白董事長，好帥！什麼是「帥」？不知您有沒有發現，評判一個男人帥氣與否的標準，會隨著年齡而有所變化，當一個男人在十幾、二十幾歲的時候，帥不帥，比較是取決於他的五官、身型，一個年輕男士若面容姣好、挺拔，那就是帥；但當一個男人年過四十之後，帥不帥，則取決於他敢不敢理直氣壯的愛家人！一個愛家人的中年男子，那種由內而外所散發出來的氣質，不是外表可以取代的。

當然，絕對不是成天只想泡在家裡就是帥。事實上，一個男人之所以「敢」拒絕過多的上班時間以外的邀約，或志工團體的人情壓力，除了他有一顆愛家人的心之外，這樣的男人，多半已在自己的職場上逐年累積起了一定的名聲、成果與影響力，也在做事時有一定的效能，是以才能夠理直氣壯的拒絕某些邀約；否則，一個男人如果在職場上凡事推諉、得過且過、風評不佳，遇事再每每以「家人」為藉口，只怕也相對難以得到諒解與肯定，甚至要弄得工作不穩了。在職場上先有不差的見證，要拒絕瑣務去陪家人時，才能拒絕得理直氣壯。

所以我說，一個心中有家人、工作有效能，兼顧愛家與實力的男人，無論他幾歲，都怎能不讓旁人覺得他越看越帥呢？這種男人，絕對是值得社會效仿的對象。

你今天樂活了嗎？

許多人喜歡用「馴良像鴿子」來期許自己。
其實鴿子是一種對家很有向心力的動物，飛得再遠都能回得了家。
一個愛家的人，同時也能從中獲得喜樂。

Note 筆記

Part 2

活得像蛇一樣靈巧

第14帖 小心！別讓「有心人利用了你的良善」來算計你

我父親是位牧師，他常講愛、講和平、講信實，但他也曾在我小時候跟我講過一個故事，讓我至今印象深刻。

故事是說到有一位宣教士到某個宗教不自由的國度去傳教，後來有當地的軍警人員準備要逮捕他，風聲走漏後，有教友勸他趕快離開教堂往北方逃，豈料，才出門沒幾步路，就撞見兩個要來抓他的軍警人員，但那兩位軍警人員並沒認出他來，還盤問他：「快老實告訴我們那位宣教士人在哪裡！」另一位還似笑非笑的威脅：「你也是教徒吧？教徒可是不能說謊騙人的喔！」面對這兩個有心害自己的軍警人員，他如果直接說自己就是他們要找的人，那肯定被捕且恐有身家性命之憂，但確實如對方所脅迫的，身為教徒還真不能說謊騙人，該怎麼辦呢？那位宣教士忽然靈機一動，誠實的對那兩個軍警人員說：「不久前，其他教友已勸那位宣教士往北方逃了，那位宣教士才剛動身沒多久。」兩位軍警人員一聽，立馬丟下他往北方疾行而去，他則默默地改變計畫，帶著家人往南而行。他持守住了不說謊的原則，但也沒讓想害他的人得逞。

我非常喜歡我父親當年跟我講的這個故事，也讓我想起在《聖經》上有段記載，是有次耶穌要祂的十二個門徒出去傳教，臨行前叮囑他們外出要懂得「靈巧像蛇，馴良像鴿子」！耶穌幾乎成天對門徒講「愛」，或許是怕自己的門徒無法適應，是以也叮嚀他們處事也要夠機警，且這兩者是不衝突的。

在這個社會上，我們固然應該維持我們的良善，但也要小心！別讓有心人利用了你的良善來算計你！有的人刻意吃定你講愛，所以公然侵占你的權益、諒你不便挺身發言；也有的人知道你注重和平，就刻意設局想搓掉你的前景，諒你只能摸摸鼻子不反抗；亦有的人不願見你擔任某個位置，便想利用你的厚道來為難你去接任該職位。我們固然應該保持良善，但絕不代表我們該去「成全」那些壞心眼、壞權術。面對那些「有人心」，我們要多一點靈巧與機警！

良善的同時，保持靈巧！別讓有心人利用了你的良善來算計你！你才有機會在社會上積極的綻放光芒。

你今天樂活了嗎？

蛇，似乎不是太討喜的動物？但要「靈巧像蛇，馴良像鴿子」卻是不朽的經典處事名句。

中文有句成語「打草驚蛇」，蛇是很聰明、很懂得閃避危險的動物，這一點極值得現代人學習。

第15帖
別急著把你的委屈，告訴所有人

曾經有一份報告，探討現在上班族的工作壓力問題，發現造成現代人壓力的，不見得是工作的本身，而是在工作時所會遇到的人！可不是嗎？人與人之間總有摩擦，講得更寫實些，就是您總會遇上不喜歡你、看你不順眼的人，您該怎樣面對您的委屈？無疑是重要情商課題。

當人們遇到委屈時，我常給人一個良心的提醒：千萬別急著去把你的委屈給告訴「所有人」！當人覺得自己受到委屈時，都會有一種巴不得能「昭告天下」的宣洩心理，特別是現在社群網站發達，我們可以很容易就把自己的事告訴您身邊的所有人，這麼做也許有短暫的抒發效果，但往往弊多於利。

首先，您恐怕要認知到，並不是每個人都真心關心您的委屈，當您滔滔不絕地講著您的委屈時，很多人是八卦的看倌心態，沒多久，您會發現自己所受的委屈不但沒被嚴肅看待，還被當成茶餘飯後的話題了。這也還無妨，有時您的遭遇被人們傳著傳著，傳成了各種不一的版本，有時還被人給加以過度的詮釋、或針對您的內心戲加上他自己主觀的旁白，到頭來反而讓您哭笑不得。請別以為以上是危言聳聽，這在現代的社會恐已是常態。

再者，您恐怕也要認知到，並不是每個人都有足夠的高度能提供您解決的方法，當您公開陳述自己的委屈時，許多「意見」將紛飛而至！但不全都是有智慧、有見識的意見，甚至有人都還沒弄清事情全貌，就開始湊熱鬧給您意見了。試想，當您已處在委屈、心緒浮動時，面對一堆「素質參差不一的意見」，您有辦法靜下心來判斷孰中優劣嗎？眾人們七嘴八舌、素質不一的意見，有時反而只會讓已在氣急中的您更迷惘、更煩躁不安。

最後，您或許也須體認到，這麼做可能會讓人「誤以為」您是個抗壓性低的大嘴巴，包括您的上司、潛在的合作對象，也許您不見得是這樣的人，但這樣的「誤解」會讓您失去許多被提攜、合作的機會，容易害得自己懷才不遇。

親愛的朋友，有委屈當然需要抒發！但不是去把你的委屈告訴所有人！現在社群網站很發達，不管是職場上的委屈、家裡的委屈、人際上的委屈，這些委屈當然值得您找個信任的人來好好訴說，但是絕對不是去跟「所有人」訴說！除非您覺得這當中有足以教育大眾的良性題材。請相信我，一個沉不住氣、動輒把自己的委屈給訴諸身邊所有人的人，絕對不叫真誠，而叫作幼稚！且到最後受到二度傷害的還是自己，得不償失。願我們都學習去做一個更成熟的人。

你今天樂活了嗎？

現代社群軟體很發達。千萬不要覺得在公開場合或網路上把自己所受的委屈到處講，可以引起同情甚至支持，這麼做，往往只會橫生枝節，甚至有反效果。

第16帖 可以「賣萌」，但毋須「裝笨」

在歷史上非常有名的人像畫家斯圖爾特曾受邀為美國開國總統華盛頓畫人像。但他卻只有先完成了人頭的部分，衣著的部分遲遲未完成。而據說當時曾有同業故意挑剔這位畫家：「為什麼只畫得出頭，衣著的部分卻完成不了。」而這位畫家也實在大器，他幽默而有深度的說：「因為華盛頓這個偉人的價值不在衣著上，所以我才先畫頭。」

斯圖爾特的回應說辭非常逗趣、但卻又能顯出他的涵養，若從現代人的形容詞來看，他這種回應方式就叫「賣萌」！其實我們不難想見，斯圖爾特當年要畫這樣一個在當時備受讚譽的政治名人，下筆時不可能沒有壓力，過程中也必然有人批評，但他回應批評的方式顯然很可愛卻又不失高度。如果我們今天要用一種比較「華人傳統美德式的謙虛」來回應類似的批評，我們也許會這樣說：「謝謝批評，在下才疏學淺，但一定盡量把衣著部分也快點畫好。」但這種「裝笨」式的謙虛回應法，真的能為現代人在今天的職場上加分嗎？事實上，習慣性講出這種自貶的話的人，說不定自己心中其實因此壓抑到內傷，且還讓更多人從此吃定了您。

我很喜歡《聖經》上的一句名言「口善應對，自覺喜樂；話合其時，何等美好。」可不是嗎？在社會上面對非善意的消遣或批評時，可以謙卑、但毋須自卑，可以「賣萌」、但毋須「裝笨」！好好應對，不卑不亢、不失幽默，方能為自己加分。

面對攻詰時，掌握住風趣但不失高度的自嘲原則，別人會覺得您很萌；一味的自貶，反而讓人誤以為您是真的很笨。可以「賣萌」，但毋須「裝笨」！這才該是現代人應有的時尚美德。

你今天樂活了嗎？

謙虛很好，但千萬別謙虛過了頭，就會顯得有點矯情了。

第17帖 做人要「好相處」，但不能「好欺負」

在歷史上，耶穌講過許多經典名言，被今天許多企管界或傑出的職場人士給奉為處事寶典，其中不少名句，皆是以教導門徒們要如何去愛人、善待人，而流傳後世。然而，這位以愛而聞名的智者，當祂在被捕、受難前的最後一個晚上，在與跟隨者們吃飯時，居然告訴在場的跟隨者「沒有刀的要賣衣服買刀。」祂不只是消極的說最好要有刀，而是積極地告訴跟隨者們，如果沒有刀，就算賣了衣服都得去弄刀來，哇，這跟過去祂許多處處講愛的教導模式相比，看起來還真是有點不協調？

結果，在不久後，當時的宗教人士與既得利益者來捉拿耶穌時，還真有追隨者亮刀了！並且直接揮刀砍傷了對方！我們不難想像當時的場面有多麼對峙、緊張，後來，耶穌也吩咐跟隨者適可而止。而按歷史記載，那天晚上耶穌的許多重要門徒並沒有一起被捕，之後也正是那些門徒，把耶穌的理念給廣傳了開來。想一想，以當時某些既得利益者對耶穌的恨，怎會不趁機把祂的餘黨給一網打盡呢？我們不難合理的推斷，這某種程度上跟那天晚上祂的跟隨者亮了刀、讓對方當下覺得不好欺負有關，否則，那些無辜的跟隨者們，也許早就一同統統被羅織罪名、抓去定罪了。

很有意思！向來講「愛」的耶穌，居然也會要信眾們去「買刀」！而這個作法，似也保全了祂的門徒。雖然這已是發生在兩千多年前的事了，但我認為在今天這個工商社會中依然值得您我省思，如果要我為這個事件下一個註解，我會說：做人，要「好相處」，但不能「好欺負」！

可不是嗎？我們都希望自己能成為人人眼中「好相處」的人，但這並不代表您我就該「好欺負」！面對某些來者不善的人，必要的時候，亮出你的「刀」來！適度的使用您的怒氣、適時地表明您的底線、甚至是適當地善用法律賦予您的保障，不但不會違背您我當一個好人的原則，反而能助您保全自己、以便在未來更能繼續去宣揚該宣揚的理念。

做人，要好相處，但不能好欺負！好人，不代表要放棄應有的公義與權益，不代表在面對惡人時就該一味的退讓、姑息。向來講愛的耶穌，在最後的晚餐時留給跟隨者們的貼心忠告，值得今天的您我深思、慎用。

你今天樂活了嗎？

在這個爾虞我詐的世代，要懂得保護自己和自己所愛的人。

第18帖

智慧就是能去分辨哪時該「想開」、哪時該「想辦法」

在歷史上，猶太人的民族英雄兼精神領袖摩西，是一個生涯非常高潮迭起的戲劇性人物。在史料記載，他幼年時是埃及公主的養子，過著典型的富二代貴族生活，但後來卻因為捲入了一起失手殺人案而落魄的逃到曠野四十年，這前後的社會地位落差之大，我不知道他在心理上是怎麼熬過的？但總之他走過來了。後來，他扛下了帶領猶太民族出埃及的使命！這麼一大群人要一同移動，還真不是小事，據記載，他所領導的那一大群猶太民族，在當時被設立了十夫長、百夫長、千夫長等等的分層職務，巧妙地解決了龐大的人事管理難題。

而在出了埃及之後，他所面臨的又是更殘酷的路程，打仗、找食物、找水源，每一天醒來都是挑戰，當時的摩西的「職場壓力」之大，大概不輸現在任何一個上班族，但他沒有選擇掛冠求去，他都選擇盡力去面對這些難解的課題。而更尷尬的是，最後猶太民族到了目的地「迦南美地」之後，摩西居然還無緣進入，然而，在歷史上卻也沒見他有太多的怨言，仍然大器的度過晚年。摩西的一生，活得精彩，也被許多後人給譽為是極具智慧的代表性人物。

摩西晚年有句禱詞詩篇：「求你指教我們怎樣數算自己的日子，好叫我們得著智慧的心。」甚麼是智慧？若回顧摩西精彩的一生，我願意下這樣註解：智慧，就是能去分辨哪時該「想開」、哪時該「想辦法」！可不是嗎？摩西的一生就是這樣活的！能淡然以對、也懂積極進取！這麼做不但容易成就大事，甚至有益於身心健康。

親愛的朋友，上天給我們每個人的人生有各自的功課要去學習，在您的人生當中，有哪些事其實是您該「想開」，但您卻總是想不開的？有哪些事是您該「想辦法」，但您卻總是消極以對的？

想一想，是不是有些名位、戀情，您其實早該「想開」了、但卻從未想開，仍是在為那些不屬於自己的東西在無所不用其極的「想辦法」，結果卻越想越憂鬱？

越想越暴躁；是不是有些機會，您明明該努力「想辦法」去爭取、扭轉，結果您卻在能奮鬥的時候選擇「想開」，雖自稱是交託、清心寡慾，但事實上則是懶散、不願盡上自己該盡的那分努力。以上問題或許沒有制式化的標準答案，但卻值得我們每一個人在夜深人靜時深深自省。

你今天樂活了嗎？

智慧，就是能去分辨人生哪時候該「想開」、哪時候該「想辦法」！

願您我都能成為一個有智慧的人，去度過我們未來的每一個日子。

第19帖

學歷是你人生的資產，而不是你人生的框架

我的專任教職雖是在輔大醫學院，但這幾年一直有機會在國立臺灣藝術大學中國音樂系兼課，教授音樂治療這門選修課，臺藝大國樂系的教授們都學有專精，更讓我佩服的是，當中有許多堪稱國樂巨擘的前輩們，竟不是念音樂系出身，有的大學是念電機系的，也有是念建築系的。仔細想一想，念電機、建築所訓練出的理工頭腦，難道沒有助於他們更理性的探究音樂，進而讓人成為一個更傑出的音樂家嗎？我想當然可以！那些理工的訓練，對日後走上音樂路的他們而言絕對是種資產。

我總喜歡跟人分享：學歷是你人生的資產，而不是你人生的框架！因為上帝給人的祝福往往超過人的想像。而唸什麼科系就得做什麼事的思維，往往限制了人的發展。

事實上，德蕾莎修女沒有念過「醫學院」，但她所幫助過的病人遠超過許多學醫的人；孫越叔叔沒有念過一天「社工系」，但他所做的社會公益影響力無遠弗屆；林書豪讀的不是「體育系」、周杰倫當年沒考上「音樂系」，但他們在該方面的影響力卻贏過許多體育、音樂本科系的畢業生，很多時候，其實重點不在你念了什麼科系，乃在上帝要你做什麼。

親愛的朋友，要懂得把學歷給當成你人生的「資產」來看待，而不要讓它變成你人生的「框架」！能學以致用當然很好，但跨域整合有時更能激盪出火花，不要太被自己的所學背景給框架住，您的人生會有更多的可能。

你今天樂活了嗎？

千萬不要讓您的人生被您的學歷給「綁架」了，不要讓您的學歷背景限制了您未來的作為。

第20帖 要「笑順」，但不一定要「效順」

小美在成長過程中，她非常不喜歡她母親咄咄逼人、凡事挑剔的說話方式，然而，在長大成人後，她也常不自覺的流露出類似的言語模式，這使得她總難交到能夠長久談心的朋友。她大概不知道自己說話的方式跟自己的母親有多像！像她當年自己所最反感的那種說話方式，像得唯妙唯肖、像得毫不自覺。

小花則是一個上班族，在成長過程中，她對其母親凡事搶話，事事說得彷彿自己都懂、但又講不出個所以然來的說話習性極度反感！常因而與母親起口角。但在出社會之後，她卻也不知不覺成了一個習慣把自己講得凡事都懂、都行的人，無論是不是自己的所學專長，她都敢把許多事給講得斬釘截鐵。她在這點像極了自己的母親，但如果有人說她在該方面像其母親，她卻又會激動的否認，不願自省、面對之。

上述兩個都是真實的事例改編，從中不難見「原生家庭」對一個人潛移默化的影響何其大矣！然而，這往往也是人們很常忽略的現象。

家家有本難念的經，許多人對於自己父母的某些壞習慣雖身受其害、甚不喜愛，但在成長後，卻又矛盾的將自己父母親的那些特質給仿效得活靈活現。當然，天底下沒有聖人，自然也不可能有完美的父母，而一個人到了中老年後其性格與習慣也很難改了，是以如果您的父母真有某些令您受不了的性格或習性，怕也只能一笑置之了！但更重要的是，不要讓自己在無形中仿效了那些性格或說話方式，請讓那些自己不喜歡的東西留在上一代就好，別將之繼續流傳下去。

華人文化很重孝道，什麼是孝？每個人、每個時代對其有不同的定義。我們的上一輩一定有許多獨特的優點，值得我們效仿之，您若用心觀察一定可以發現那些優點；但面對父母的缺點，用「笑順」的態度對待之就好，雖不必去認可那些缺點，但如果改變不了長輩們，就乾脆笑笑以對，讓日子繼續順順的過，避免帶來無法改變的家庭衝突，但千萬別不知不覺的用「效順」的態度面對原生家庭裡上輩的那些缺點，讓自己不知不覺也仿效、效法到了那些自己也不喜歡的人格特質或說話方式而不自覺。

原生家庭對人的影響甚鉅！要「笑順」但不一定要「效順」，我們的家庭才會越來越好。願您我能深思、自省之。

你今天樂活了嗎？

讓好的家風代代相傳，但不好的習慣，別再繼續潛移默化的繼承它們、甚至留給後世。

第21帖 孤單不是沒人陪你，而是你在乎的人沒陪你

曾經聽過一個故事，說到在一家高檔的安養中心裡有四個老太太正在聊天，第一位老太太驕傲的說：「我的兒子好優秀，拿了博士學位，現在正在美國發展！」第二位老太太不甘示弱，接著說：「我的兒子，昨天才被報紙採訪。」第三位也睥睨的說：「我兒子可是在上櫃公司當資深經理呢！」緊接著，大家看著都沒說話的第四位老太太，問：「妳兒子在幹嘛呀？」第四位老太太說：「我兒子啊？他等一下要來接我出去走走。」果然，沒多久後一輛車子出現在安養中心門口，第四位老太太開心的走了出去，剩下的三位老太太看著這一幕，不發一語、略顯落寞。

故事結尾，那三位老太太落寞的神情，讓我聯想到一句話：孤單，不是沒人陪你，而是你在乎的人沒陪你。那三位老太太難道沒人陪嗎？以故事中那三位老太太的孩子的成就，絕對可以聘得起看護陪伴他們，或讓她們住在相對高級、活動多元、熱絡的安養中心，但顯然她們最在意的還是孩子的陪伴。

孤單，不是沒人陪你，而是你在乎的人沒陪你。這句話不只可以應用在親子關係，也可以應用在男女關係、職場關係。我們至少可以從幾個面向來思考這句話聽來有些虐心的話：

1 珍惜那些在乎你的人：現代人時間都很忙碌、工時也長，但偶爾還是撥出點時間給某些在乎您我的人吧！特別是家人！哪怕幾分鐘也好。

撥時間給他們，絕不是因為能對自己未來的成就有什麼幫助，而是他們值得、配得我們這麼做！畢竟這種人不多。

2 所謂「在乎的人」的名單並不是永遠固定的：您知道嗎？有的時候「在乎的人」的名單是會改變的，當你漸漸冷落某些人，或是只想享受對方的付出、卻在得了好處以後就劃清界線以對，對方會切心，最後也就把您我除名了，特別是男女關係、朋友關係。當然，如果您是刻意想退出某人的在乎者名單，或是時間上、距離上真的無法顧及，那自然另當別論，但無論如何，千萬不要把在乎你的人給「利用」得太過分。

3 擴大自己的「在乎的人」的名單：相信不用我多贅述，如果一個人所在乎的人的名單只聚焦在寥寥幾人，那他必然常感孤寂，特別是退休老人，宜盡量多增加自己的生活圈。

孤單，不是沒人陪你，而是你在乎的人沒陪你。願我們多用這句話來思考自己與自己周遭某些人的關係，會讓您看到許多值得省思、或曾疏忽的地方。

你今天樂活了嗎？

時間，是您能給在乎您的人最寶貴的禮物。記得抽空陪陪在乎您的人。

第22帖 別去和愚妄人「直球對決」！

身為一個精神科職能治療學者，我們走精神科這一行的常被人給認為本身修養很好，也曾經有很多人問我：為何某某人對你如此無禮，而你竟然都不會生氣？其實平心而論，我不是聖人，哪能完全沒脾氣？難免，有的人來向我們踢館、或刻意用閒言閒語來扭曲我，我心中雖不認同那樣的格調，但這幾年我一直告訴自己一個原則：別去和愚妄人「直球對決」！

甚麼是「愚妄人」？我所指的愚妄人並不等於「壞人」，我用「愚」來形容某些人也不代表我認為他們智商低，而只是「不瞭解某些事情或領域」；而「妄」呢？有狂妄的意思。看到這邊，可能您要會心一笑了，您有沒有見過某些人，明明不瞭解某些事情或領域的全貌，卻又喜歡妄加評論或攻擊？他們的動機不見得是壞，可能只是想幫朋友出口氣，當然也可能是出於嫉妒、或是急著想顯示出自己的正義或存在感，所以就在尚未瞭解全局的情況下妄加批評了，是以我用「愚」、「妄」二字形容之，並非揶揄而是客觀敘述。而在這個資訊碎片化的時代，我們都有可能遭受到愚妄人的誤傷。

這時候，我們該生氣嗎？所羅門王有一句處事名言：「不要照愚昧人的愚妄話回答他，恐怕你與他一樣。」這就是為何我說別去和愚妄人「直球對決」的原因，您若和那樣的人直球對決、以牙還牙了，若傳了開來，在旁人眼裡，您跟他的價值、格局就會是一樣的。

面對愚妄人不瞭解事情全貌就妄加批評您的情況，別用情緒性的言語直接槓回去，甚至有時禮貌性的謝謝他來信、講一兩句祝福他的話也是個好方法，但這絕不是在示弱，而是在避免自己消耗不值得消耗的精力與時間，您的精力與時間，值得花在願意瞭解事情全貌且口德、態度都較好的人們身上。

很多時候一個人所展現出的修養，來自於他對時間管理的智慧與珍惜。別去和愚妄人「直球對決」！人的一天就是二十四小時，您值得把時間和情緒花在更值得的人事物上。

你今天樂活了嗎？

這世代有很多事值得生氣，但如果把時間都拿來跟不可理喻或存心不良的人生氣，那就太不聰明了！

第23帖 你得了「壞話囤積症」嗎？

愛乾淨的人大概都很受不了有些人有「囤積」東西的癖好，特別是那些東西並不是甚麼珍貴的物品，舉例子來講，有的人會在冰箱裡囤積不少過期的食物，如果沒有人提醒，他還真不會去動那些東西；也有的人拿到了些不重要的東西，雖然也說不上喜歡，但卻堅持堆在屋子裡，甚至擺得桌子上、椅子上全都是那些東西，經年累月下來，引起不必要的衛生、環安問題。毫無疑問的，那些東西若能清一清，在安全或是美觀上都會好多了！

您覺得那種愛「囤積」東西的人很無厘頭、很好笑嗎？身為精神科的治療師，其實我常看過許多現代人也很愛囤積，但倒不見得是在屋裡囤積有形的東西，而是在心裡囤積別人某些不健康的話，這種心緒，我個人稱之為「壞話囤積症」！

君信否？有的人常把一些別人隨口的玩笑話或挖苦的言語給長久囤積在心裡，以致影響了自己的喜樂；也有的人把年幼時父母、師長所講過的一些否定的話給一直囤積在心裡，以致影響了自己的自信；也有的人把跟對方吵架時，對方所說的失控氣話給一直留在心中，以致影響了往後的情誼；更有人把存心見不得您好的人所講的話，給長久放在心裡，以致生出苦毒來。上述這些現象，都是我所謂的「壞話囤積症」。

其實那些所謂的「壞話」有些只是對方的衝動或無心之語；又或者講這些否定話語的人本來就是動機不良，那這些話就更不值得存留在心中了。一旦真把這些壞話給囤積在您的心中，試問，您的「心」能有多大？若都用來放這些壞話，您的心還裝得下其他美好的回憶嗎？更有甚者，這些囤積在心裡的壞話，說不定還要孳生出許多不乾淨、不健康的東西來，讓您整個人的心靈健康大受影響。

別人講您的「壞話」，聽過了、參考過了就好，千萬不要堆在心裡「捨不得丟」，若把它們給一直囤積在心裡，受害最大的還是我們自己。

你今天樂活了嗎？

趕快把囤積在心裡的壞話給慢慢扔掉，不要讓某些不健康的話影響了您的人生。

第24帖

別為了「不夠像別人」而憂鬱

在鳥園裡，一位鳥長輩對她的子侄們說：「你們看看人家老鷹，飛得多高多遠，怎麼不學學他呢？」過兩天又說：「你看看人家鸚鵡，會說多國的鳥語，多有國際觀啊，你怎麼不學像他一樣呢？」過沒多久，又提：「瞧瞧人家啄木鳥，小小一隻卻能在樹上打洞，多專注啊，你這麼大一隻，怎麼就拿棵樹沒辦法呢？」

那位鳥長輩成天講著講著，把氣氛弄得好不鬱悶，然而，其中一位鳥青年卻回那位鳥長輩說：「不需要啊，為何要跟別人比？我們可是鴕鳥呢！」說完，便拔起英挺的雙腿，以別的鳥兒們都望塵莫及的奔跑速度，開始在鳥園裡盡情的馳騁！

以上故事雖是我自己編的，但是卻是一個「真實的童話故事」，或許是我本身是一個精神科的治療師，是以常有人會來向我傾訴其生活中的鬱悶之處，我發現，華人社會裡有不少人喜歡拿自己去跟別人比較，當然，也有不少如上述故事裡那樣的「鳥長輩」，常喜歡拿自己身邊的人去跟別人比較，而忽略了人應多看自己受造的優點，久而久之，會讓自己或旁人陷入不必要的憂鬱之中。

會憂鬱不盡然是壞事，這是大腦的必要機制，然而，不必過度為了「不夠像別人」而憂鬱！因為上天創造每個人都有其特質，上天將每個人放在不同的崗位，也都有其美意。見賢思齊固然好，但別為了自己「不夠像別人」而憂鬱！這只會讓自己陷入無止境的哀怨。上天創造每個人都有其無可取代的價值，把比較、惆悵的時間用來找尋自己的特質，活出自己的精彩，才能獲得怡然、健康的喜樂與自信。

你今天樂活了嗎？

每一個人都是獨特的！都有無可取代的價值！

不要為了不夠像某些人而憂鬱，因為您有上天造您獨一無二的特色。

第25帖 完美主義，就像「心靈的纏足」

曾經有一位牧師的女兒，由於父親是神職人員、宗教家，是以常被許多教徒們給賦予諸多期待與關注，包括大家認為一個女孩子該有怎樣的表現、一個神職人員的孩子在眾教徒面前就該有怎樣的積極態度，而她從小的大大小小生涯規劃，也由於認識她的教徒多，是以常接到許多意見、關切與詢問，而她的父母對於她能否符合眾人的期待也頗為在意、敏感。

這位牧師的女兒快樂嗎？很難說。她很有禮貌、笑臉迎人，但顯然很不自由，甚至很難去追求、活出上天所賜給她的恩賜與才華，因為處處要符合身邊素質參差不一的眾人們的種種看法。雖說她在人前總是面帶笑容，且成為眾人眼中很乖、很得體的人，但她的境遇，卻讓我想到兩個字：「纏足」！

可不是嗎？古代總認為女人纏足很乖、很美、很得體，纏了足的女人，總讓當時旁觀的眾人們看了覺得好、覺得這麼做很對，但當時眾人絕不會去考慮這種傳統綑綁對當事人的影響；很多時候，眾人其實並不在乎當事人能否活出上天所給她的恩賜，不在乎當事人的前景，只在乎自己有沒有看到自己想看到的畫面，當然，每個人隨著視野、心態與格局的不同，所想看到的畫面與要求程度也都不一樣。

這種眾人的心態，常易使得當事人活在一種「完美主義」的壓力中，不得不屈服、不得不迎合，甚至不時驚恐自己有沒有活出大家當下所想看到的樣子，但這種顧忌與綑綁，也就讓當事人像被「纏足」了一樣，無法讓自己的人生大步向前！可嘆的是，當當事人越走不出自己的路，越沒有應有的成就時，「眾人」就越會覺得他們有資格去對當事人品頭論足、提供意見，然後當事人就會越疲於應付眾人的種種意見，就越活不出自己的路線，越陷入惡性循環之中。

上述這種來自眾人眼光過度關切所帶來的「完美主義」的壓力，可能發生在很多公眾人物或傑出人士的子女身上，而這種境遇就像「心靈的纏足」！其實是一種文化暴力。如果您是上述案例中的「眾人」，其實不妨把焦點多從當事人的身上轉回自己的身上，因為當事人其實沒有義務要配合您，去活出您想看的樣子，您的人生，一定也還有許多值得努力的地方；而如果您是上述案例中的「當事人」，也請記得不要把您的人生用來忙著迎合某一小群人的種種期待與完美主義，那樣格局太小、且不是上帝造您的目的，上帝造您，是要您積極尋求並活出祂所給您的恩賜與路線。

完美主義，就像「心靈的纏足」！對當事人無益，是以不要去加持它、也不要太去迎合它，我們的人生才能真正樂活。

你今天樂活了嗎？

有些傳統，其實並無關乎真理，不要把某些傳統給無限上綱地去約束某些人，對當事人、對自己，其實都沒有益處。

第26帖
人際關係，就像「安全氣囊」

曾聽許多人說，在社會上「做人比做事重要」，我其實對這句廣為流傳的話略感不安，我固然知道這句話點出了「做人」在職場上的重要性，然而，在職場上，會做人有會做人的效益，會做事也有會做事的不同效應，二者所帶出的效果屬不同面向，很難相互作比較，是以若冒然的說二者中何者比較重要，恐怕不見得客觀。

在職場上做人自然很重要，但我喜歡這樣形容：人際關係，就像安全氣囊。怎麼說呢？

曾經有兩位專業人士，兩位做事能力都非常強，其中一位某一回在職場上遭遇了某個重大爭議事件，雖說爭議，但他個人並不見得有失誤或犯錯，只是霎時成了不少人眼中可被攻擊的箭靶，可偏偏他平時仗著自己的能力而睥睨旁人，是以當他落在爭議中時，不但甚少人替他緩頰，反而冷言冷語，在狀況模糊不清的狀況下，這些冷嘲熱諷當然對他造成了不小的影響，重擊了他的聲譽與事業。

另一位同樣專業能力精湛，但平時謙和待人、貼心細膩，有一回他也面臨到類似的爭議狀況，他同樣感到有苦難言，然而，當他同樣成為可攻擊的箭靶時，對他放冷箭的人卻相對極少，甚至不少人或公開、或私下對他送暖。這些人際支持，無形中保護了他，讓他在該次爭議事件中有驚無險，未受到更多不該有的傷害。

以上兩者皆是真實的例子，是以我說：人際關係，就像安全氣囊。一部汽車的安全氣囊並無助於平時的行駛性能，您平常可能絲毫用不上它、甚至壓根不希望會用上它，但當您有天忽然「出事」時，好的安全氣囊，卻可以保護您、助您把所受到的傷害程度給降到最低。人際關係亦復如此！

猶太民族被公認是最會做生意的民族，許多猶太人把所羅門王所著的〈箴言〉給視為職場處世寶典，該部著作中常不斷提醒後世待人與情緒管理的重要性，足見「做人」對一個人活在世上的效用。

一個人在職場上若不會做事、只會做人，那就成了滑頭了！做事能力的強弱，將直接影響了您在職場上的核心競爭力，讓您在人生道路上奔馳得又快又穩；但人際關係就像「安全氣囊」，在您出事時可以救您一命。一個不會做人的人，即便平時意氣風發，一但出了事，那所受到的硬傷，恐怕會重創您的人生。

你今天樂活了嗎？

做人，不見得比做事重要，但一個平時不會做人的人，在遭遇低潮時，很難快樂地走過去。

Part 3

活得像驢駒一樣謙卑

第27帖 自大就像癌細胞

我喜歡這樣比喻：自大，就像心靈的癌細胞，如果您我沒注意，它會自己越長越大！而且有時還真不易察覺，而有時若發現得晚，則後果早已不堪設想。這樣的例子在歷史上不勝枚舉。舉例來說，在西元前歷史上曾經於中東地區叱吒風雲的亞述王，成就斐然，因而心生傲氣。文獻記載，他曾自大的說：「我所成就的事是靠我手的能力和我的智慧，我本有聰明。我挪移列國的地界，搶奪他們所積蓄的財寶；並且我像勇士，使坐寶座的降為卑。」結果呢？自大，使人不再進步、使人活在自滿中，沒多久他就因自大而垮臺了。

同樣的歷史也一再上演。後來十九世紀初，法國戰功彪炳的拿破崙決定登基稱帝，特地「請」來了當時的教宗庇護七世來法國為他加冕。但當時的拿破崙心中似已瞧不起任何人了，據說是直接把皇冠從教宗手上搶過來，給自己戴上，刻意藉由給教宗下馬威來彰顯自己的優越。結果呢？沒幾年的時間，他也因自大而連連失誤，最後下臺了。

即便一直到現代，我們在職場、社會上、政壇上，也不難見因自大而跌跤的人。是以我說：自大這種情結，會自己越長越大！而且往往不易被當事人給發現，常等到因而吃了虧、傷及自身了，才驚覺自己的問題。

若要以精神健康的角度來看，甚麼是「自大」？它往往是一種「失控的自信心」，其實這種思維本來應是很卓越、很有活力的！但自信心若失了控，也就會像癌細胞那樣，迅速膨脹、橫衝直撞，最後毀了一個人的人格健全。

這幾年，我發現有一些我認為很優秀的人，當我讚美他們某方面的成就時，他們總是回答「還可以」，也許他們是真心這麼認為，也可能只是出於客套，但就我的觀察，這種謙詞講多了，有時也真能成為了對自己的一種提醒！提醒自己，也就「還可以」而已，人外有人，繼續努力吧。是以他們總是能不斷在進步中。

自大，是心靈的癌細胞，不妨多多提醒自己的表現與成就其實也就「還可以」而已，在我們開始小有成就時，別陶醉太久，因為一旦自信心失控、不正常的擴散了，您我也就差不多準備要失敗、或出洋相了。

你今天樂活了嗎？

生前很有影響力的周聯華牧師，他有本講道集《小驢》，提醒自己要謙卑。

這何嘗又不是我們可以效仿的榜樣呢？

第28帖 浮誇的讚美，就像反式脂肪酸

曾有臨床專家指出，讚美雖然重要，但不要給成長中的人太多過度、浮誇的讚美，那反而會讓一個人認不清自己的現實面、錯估自己的實力，甚至降低其在現實生活中的挫折忍受度。其實，又何止是對尚在成長中的人如此，即便是一個已出社會多年的人，如果聽慣了浮誇的讚美，對其而言也將造成一種「虛胖的自信」，這種自信並非出自於真正的心靈健壯，而是一種只喜愛聽好話、一種莫名而虛浮的自我感覺良好，所造成的自我膨脹。

君不見歷史上的乾隆皇帝後期，就是一個例子。早年的他兢兢業業，確實有一定的文治武功，但後期的他滿足於現狀，且喜愛陶醉在人的稱讚之中，開始幫自己取了一個又一個的浮名稱號，但這也讓他因而停滯，甚至倒退。

如果要我以心理健康的角度來看，我會形容：浮誇的讚美，就像「心靈的反式脂肪酸」，它以美麗的外表呈現在您我面前，嚐起來的味道也很美，且讓人可以放在心裡久久不忘。然而，如果常服用這種心靈的反式脂肪酸，肯定對人的心靈健康有害。

但說真的，偶爾聽一點浮誇的讚美，其實無妨！特別是在低潮的時候，這就好像您偶爾來一塊奶油蛋糕，並不會對身體健康造成太大影響，甚至說不定還會因為心情愉悅了，讓心理影響生理，連帶對身體帶來某些正向影響。但請務必「淺嚐」就好。

浮誇的讚美，就像反式脂肪酸！它們雖外表亮麗、令人賞心悅耳，但千萬不要習慣性的攝取這些浮誇的讚美，不然有一天，您會不知不覺的「膨脹」到做出許多讓人看了在背後偷笑不已的言行，但卻毫不自知。歷史上的使徒保羅在書信中提醒後世：「不要被人虛浮的話欺哄。」所羅門王也說：「驕傲在敗壞以先。」謹慎的面對某些虛浮、誇大的讚美，一些討好的客套話您若太當真了，哪天您就準備走下坡或出洋相了。

你今天樂活了嗎？

不要過度陶醉在別人給的讚美裡，否則，我們的心靈也將慢慢變質。

第29帖 過度浪漫的自我中心，有時是一種「病」

有對學音樂的姊妹，一同出國去學了某個相對冷門但有趣的音樂專長，回國後，兩人均積極希望展現該方面的技能，但幾年後的發展卻大不相同。

妹妹回國後，打著該音樂專長的名號四處接洽，雖吸睛，但礙於國情等因素的不同，一時之間不太順利，這讓妹妹很不開心！常不滿的說：「我既然學了這專長，你們就該給我開個這方面的職缺啊，怎麼可以讓我學非所用？怎麼可以這麼不尊重專業呢？」姊姊一樣礙於相同因素，而在一開始時常碰壁，但這卻讓她去思索：「既然我有這方面的專長，我可以怎麼幫助人們？讓人們開始體會到它的益處？」姊姊放下身段去跟許多單位接洽，甚至以該專長義務助人，久而久之，許多人即便不認為其所學專長很重要，但卻極認可她的人格與謙和，慢慢的，姊姊走出了一條路，而妹妹卻變得越來越憤世，越來越不快樂，成就也跟姊姊越差越遠。

也曾經有位仁兄，因為原先的工作不順、憤而離職，文筆不錯的他便決定轉行當個專職的勵志作家，並常忿然的公開說：「眾人應該多買我的書，不然就是不尊重文字工作，也不該去買有折扣的書，不然就是不尊重我的夢想與異象。」弄得人們從他的身上嗅不到一點勵志與正向的氣息，這樣所謂的勵志作家當然讓人無法恭維，反而路越發展越窄，而他對眾人竟不青睞他作品的反應措詞也越來越激烈，最後落入惡性循環。

不知諸君從上述兩個故事中的妹妹、與那位仁兄的身上，看到了什麼？這兩位顯然都是不快樂的人！而其實他們都不壞也不笨，但卻都過度浪漫的自我中心，都有種「我想要做的事，大家都理當該會想要來配合我去促成」的自我中心思維，如果眾人未如其想像的迎合之，便會強勢的指責眾人，絲毫未能察覺眾人的感受、想法與各自需要；怎奈，這世界不是以您我任何一個人為中心在運轉的！人固然應該有理想，但若以這種自我中心的思維去構思自己的未來，往往只會四處碰壁，弄得人人敬而遠之，並讓自己陷入憤世嫉俗的情懷中。

過度浪漫的自我中心，有時是一種「病」，一種足以讓人未能得利反先受其害的病態處事風格。身為精神科的治療師，我並非指過度浪漫的自我中心是一種醫學上的正式疾病，但它絕對是一種會讓人越來越不開心的人際互動模式。人應有夢；親愛的朋友，不妨換一種心態來實踐自己的夢，多用自己能給別人什麼幫助為出發點來擘劃自己的人生，您的夢想實踐起來會更正向、更喜樂，也會讓眾人更想支持您。

你今天樂活了嗎？

懷才不遇的人，不見得是才幹不夠，而可能是太過自我中心、太難相處，以至總是遇不到相處得來的人。值得您我自省。

第30帖 自卑，就像是「心靈過敏了」

什麼是自卑？身為一個精神科職能治療學者，我常形容自卑這種情緒，就像是「心靈的過敏」，而且平心而論，每個人或多或少都有。而什麼是「過敏」？在生理學上，過敏可以解讀為身體對某些刺激源的過度反應，常給人的身體帶來大小不一的痛苦；其實在心靈健康上也是如此。試想，您曾不曾經有過以下三種狀況：

1 過度解讀別人的談話：不管是過度解讀大多數人、或某些特定人士的話，認為他們針對你、瞧不起你？這很可能代表您心中有某方面的自卑，而越會過度解讀別人的談話的人，代表越嚴重。

2 過度敵視某些人的存在：很多人很敵視某些人的存在，當然，口頭上可以說出一套冠冕堂皇的理由，但如果那些人剛好在某方面的表現或際遇比您優秀或順利，那很可能背後真正的原因，就是他的存在戳中了您某方面的自卑感了。

3 對於某些特定人士過度激動或強硬：您會否在評論到某些特定人士時，會特別的激動？通常心中越自卑的人，當他逮到機會可以批評別人時，往往會批評得越狠！因為瘋狂的批評別人可以讓人嚐到短暫的「假性優越感」，讓人有覺得自己似乎提升了的錯覺，而越自卑的人越會「珍惜」這樣的假性優越感。

自卑，就像是心靈的過敏。它會使您我對某些人、事，有「過度的反應」，但這些過度的反應到頭來反而會害了自己，破壞自己的人際關係、破壞自己的成功機會。

人為何會自卑？當然起因很多，總歸就是覺得自己在某些主客觀條件上不如人！也許包括智商、學歷、能力、家世背景等；但若平心而論，其實很多時候我們自以為重要的某些條件指標，在歷史上並不是真正的成事關鍵。我很喜歡歷史上有名的成功宣教士保羅，他曾評論某些後來當大任的人，說：「弟兄們哪，可見你們蒙召的，按著肉體有智慧的不多，有能力的不多，有尊貴的也不多。」（哥林多前書 1：26）

保羅這句話說得很實在、卻也很莞爾，若把他這句話講得白一點：就算有點小聰明又如何？能力比較強又如何？家庭背景比較尊貴又如何？這些不見得是能否成大事的關鍵。如果我們因為這些東西不如人，就把自己給鑽進自卑的牛角尖裡，對很多事變得過度敏感、易怒，那麼，我們的人生才真是要完蛋了！

每一個人，造物主都為之準備了各自的幸福與精彩！不需要過度感到自卑，學習理直氣壯、心安理得、平心靜氣地過您的日子，別讓自己落入敏感、易怒的牛角尖裡，活在對某些人、事、話語「過度反應」的痛苦中。

你今天樂活了嗎？

做人要謙卑但別自卑，不要為了成績、學歷、家庭背景不好而太過耿耿於懷，如果多讀一點人物傳記，就會發現其實很多偉人反而因為沒有這些條件而被激發出更大的潛力、做了更多有意義的事。

第31帖 數學，是上帝寫給人類的情書

記得我高中時曾看到當時《牛頓雜誌》上一篇關於「求算宇宙的年齡」的文章，一時「驚為天人」！可能是因為從小喜歡看《星際爭霸戰》系列的影集與電影，那篇「求算宇宙的年齡」引起我濃烈的興致，雖然一個高中生的數學能力極其有限，但其中精妙的算式與觀點卻讓我嚮往不已，常拿著那篇文章中所提到的算式去煩當時的物理老師，煩到他對我印象深刻，而這也成為我高中時一段美好的回憶。

雖然後來我大學沒有選擇念數學系或是物理系，但是每每回想起那段

初涉獵天文物理學的稚嫩往事，都讓我覺得，造物主真的好用心、也好愛世人，用這麼精妙的方式創造了宇宙、天地，可不是嗎？你越讀懂數學、越會覺得造物主是多麼的偉大，多麼的呵護世人。

如此說來，我們可以有一個很浪漫的說法——數學，是上帝寫給人類的情書！告訴我們祂是用何等的心思去為我們創造了一個適合居住、美麗無比的世界。在歷史上，曾有不少神職人員獨尊自己所學的神學，刻意貶低其他學問、科學，覺得其他的智識都是世俗、俗氣的，但我常覺得這種心態反而透露出歷史上某些少數神職人員心中的自卑感與狹隘視野，其實，任何一種科學，都可以證明造物主在創造這個世界時的巧思與用心，任何一種科學，都可以解釋造物主對世人的愛。

數學，是上帝寫給人類的情書。什麼？您說您數學不好？您說您求學時最討厭的科目就是數學？沒關係，其實若說到數學與算術，我相信造物主最希望我們學好的「數學」並不在數學課本裡，而是在《聖經》裡，祂不斷提醒我們要學習「多數算自己身上的恩典」、「少計算人的惡」，用這樣的算術心態做個喜樂的人，並把更多的喜樂帶給祂所精心創造的這個世界。人生中的這種「數學」，您學好了嗎？願我們都能更多體會造物主對世人的愛與用心。

你今天樂活了嗎？

務必記得「多數算自己身上的恩典」、「少計算人的惡」，這樣活著才會快樂。

第32帖 平安，是一種不動產

前陣子有位來臺奉獻了一輩子的外籍神職人員辭世，他離開得非常突然，我本身並不認識他，但我身邊有不少人在他過世前與他近距離接觸，他們所轉述的有關他的表現，很讓人感到震撼。

那位外籍神職人員原本只是去做體檢，還跟陪同他的人有說有笑，但卻意外被檢查出癌症末期，但據當下在場的人回憶，他表現得卻極為冷靜；後來，他寫電子郵件給某位學者，提到奉獻了一生的自己將不久人世的惡耗時，並沒有怨天尤人，還勸慰別人說，「God has his plans.」（上帝有他的計畫）。

這位為臺灣奉獻了一輩子的外籍神職人員，從不汲汲於自己的利益，他在臺灣一生不炒房、沒做生意，自然也就沒有為自己累積太多的財富，但他在他生命中最後一段時光中表現出的平安與寧靜，絕對是源自於他的信仰，他的表現也不禁讓我想到兩句《聖經》中的描述：「我將我的平安賜給你們。我所賜的，不像世人所賜的。你們心裡不要憂愁，也不要膽怯。」（約翰福音 14：27）、「這喜樂也沒有人能奪去。」（約翰福音 16：22）

說到平安，它真是人類的一種無形資產，而且還是一種「不動產」！是他人所不能奪去、搬走的不動產。身為精神科的治療師，我曾見過或聽聞過不少家財萬貫的人，怕死怕到成天疑神疑鬼；也見過許多事業成功的人，只是因著一點職場上的風吹草動就陷入焦躁不安，他們也許有很多的財產，但他們顯然沒有那位神職人員的那分平安。

平安，是一種不動產！主所賜下的平安，旁人無法奪去，且這樣的財產珍貴不已，您是一個擁有平安的人嗎？願這樣的平安也能存在您我的生命中。

你今天樂活了嗎？

這社會很多人在意自己有沒有不動產，其實，平安才是最大的不動產，是一種別人奪不去的淡定與喜樂。

第33帖 忙，是治療多愁善感的良藥？

對於容易多愁善感、鑽牛角尖的人來說，使之忙碌、有事情做，是好事嗎？的確，如果從心理職能治療的角度來看，若要幫助一個容易想太多、在原地打轉的人，多安排一些有意義的活動讓其從事、讓他有事可以忙，別再聚焦於某些無意義的牛角尖上，的確可能可以重拾存在感，不失為一個良策。是以身為一個精神科職能治療專家，我常喜歡這樣比喻：忙，是治療多愁善感的良藥！

但這帖「藥」也是不能隨便亂吃的！君不見現代社會中許多人都讓自

己很忙，但卻都越忙越憂鬱；錯誤的忙碌方式，不但不會使人卓越、喜樂，反而會使人越來越茫然、盲目。無怪乎華人造字時把「忙」用「心、亡」給組成之；歷史上極具成就的所羅門王也曾寫過一句頗富詩意且感觸良多的話：「我察看我手所經營的一切事和我勞碌所成的功。誰知都是虛空，都是捕風。」

忙，是治療多愁善感的良藥！但這帖藥要怎樣服用才沒有反效果或副作用？不妨參考以下三點：

1 找到自己的「命定」：上天今天仍留您我的命在這世上，一定各有其道理，哪怕是一個重殘的病人，他在上天眼中都有無可取代的價值，努力活出那個價值，人就會喜樂。不要隨波逐流去追逐某些東西，如果那些東西不是您真正有使命感與熱情的，就算辛苦追得了，也不會有真正的喜樂。

2 明白「忙碌，不等於努力」的道理：沒有目標的忙碌，不見得能使人精進，有時反而會讓人變得平庸。一個努力上進的人同時必然也是一個懂得靜下心來設定目標的人。許多人常會說：「為什麼我這麼努力，但都只是原地踏步？」其實，我們往往沒認清忙碌並不等於努力，我們可能只是很忙碌而已，但並沒有努力，只是重複的做著同樣的事，以致我們跟那些懂得努力釐清自己特質，並積極設定目標的人們越差越遠。然後我們就越忙越不甘、越忙越多愁。

3 訂定一些可落實的「短期目標」：許多人皆有宏遠的志向與目標，

但人要懂得針對那些遠大的目標來設定一些「短期目標」，並藉由達成那些短期目標來為將來落實那更遠大的目標而奠基。這聽起來似乎很理所當然，但君信否？大部分的人們眼下所正努力的「短期目標」不但與自己人生的長遠目標、人生理想無關，甚至還牴觸了而不自覺！然後最後才埋怨自己為何達不成那些志向。說起來非常可惜。

忙，是治療多愁善感的良藥！人，可以藉由多去忙些意義的事，而不讓時間被憂鬱、牛角尖給占去了。但如果忙得沒有目標、沒有使命感，那麼「忙碌」這帖「藥」恐怕只會為您我的心靈帶來更多的反作用。

你今天樂活了嗎？

能「忙」其實是福氣，代表了有事做，但忙要忙得有目標，才會覺得值得、有喜樂。

第34帖 改變，是一段時間，而非一個瞬間

身為一個精神科的職能治療師、業餘作家，常有喜歡讀我書的人們主動聯繫我，希望我幫助他們身邊的某個身心有困難的個案，有的是曾接受過藥物治療很長一段時間但卻沒有顯著改善，有的是真的在生活、職場的角色適應上有困難。來找我的人常講一句話：「施博士，只有您能幫他了，他只要能跟您談一下，您只要願意講幾句人生建言，他一定就能好起來。」「一定只有看您才有效，再貴的錢我們都願意付給您。」這樣恭維又迫切的請託，我幾乎每個月都在聽。

其實每每聽到這樣的話，我都感觸很多，一方面我或許該高興原來自己在某些人的心目中有如此大的醫療本領，二來卻也擔心，很多人其實把「改變」一個人給看得太簡單、或是過於期待神蹟式的改變，進而把這樣的期待給投射在我這一個凡人的身上。

雖然有不少人曾跟我說他因為讀了我寫的某本書而改變了人生，但我在此也必須明說，改變了他們的不是我的文筆，而是文字背後所帶出的信仰。許多人期待自己的人生能有神蹟般的改變。在歷史上，確實有人的生命被奇蹟似的瞬間改變了，但那往往是特例；在大部分的情況下，改變，往往是一段時間，而非一個瞬間。

舉個例子，歷史上的摩西早年是個衝動的青年，還曾揮拳莽撞的打死了一個埃及工頭，但後來帶領以色列人出埃及時的他，卻已經成為了一位耐罵、老練的領袖。這樣的人格轉變，可是經過了四十年的時間才完成。

改變，無論是心情上的改變、價值觀上的改變，或是能力上的改變，需要的是一段時間，而非一個瞬間！是以如果您很期待自己能瞬間就改變，可能還是給自己多一點的時間吧，不然您會弄得自己很痛苦；而如果您很期待自己身邊的某個人能夠瞬間就被改變，也還是請您不妨給他多一點的時間，不然到時候就是弄得他痛苦、你也痛苦！

改變，不是不能發生在一瞬間，但那都是特例。改變，往往需要一段時間。當年的摩西是這樣，如今的您我或我們身邊的人們，恐也不外乎是這樣。記得，有時多給自己、也對給您所期待的人一點時間。

你今天樂活了嗎？

多給自己、也多給別人一點改變的時間，別讓自己的期待成為別人的壓力，生活才會快樂。

第35帖 周牧師的「D調」人生

談到謙虛，總讓我想起已過世的周聯華牧師，我從小向來稱呼他為「周爺爺」，因為他是當年我父親施達雄牧師亦師亦父的提親恩人，而我母親更是他的乾女兒。雖然從小聽父母親提過他不少佳話，但撇開父母傳下來的二手資訊，我更喜歡從我自己的角度來跟人談談我所認識到的周聯華牧師。

他是一個怎樣的人？在他過世後不久，曾有一位作家前輩公開在臉書上提到他，那位作家前輩曾有一段時間常批判周牧師，且是公開的嚴詞批判，後來周牧師便找了時間去請那位作家喝下午茶，沒有反詞教訓之，只淡淡問了一句：「您為什麼要這麼恨我？」那位作家便滔滔不絕地講了許多周牧師的不是之處，但周牧師卻一句話也沒有回，默默靜靜地聽，沒有為自己的人格做一句辯解或反罵，最後，他很紳士的主動拿了帳單，幫對方結了帳。事後，那位作家對周牧師的風度與大器印象深刻，也對他的人品改了觀。

而在他生前，我也常與他有互動。記得有一年，我寫了一本書，那本書在市場上受到不少迴響，他為了鼓勵我，有一次竟然「故意」在一個半公開場合當著大家的面指著我說：「這位是現在有影響力的暢銷作家。」接著說：「而我只是個文字小兵。」以他的成就，沒有人會認為他是小兵，而以他的名望與輩分竟然這樣論及一個孫子輩，把光芒讓留給後輩，相對於社會上許多有為人士自恃身分、忌憚後輩，他的溫暖與謙遜，讓在場的人聽了無不佩服。

周牧師是一位基督教神職人員，很自然的，許多人會用一些基督宗教裡的專有名詞來形容他的人格，但若要我用一個「一般社會大眾」也聽得懂的形容詞去形容周聯華牧師，我會用英文裡一個D開頭的字——Decent來形容他，這個字在中文裡可以被翻作正派、有禮、體面等等意思。可不是嗎？即便遇到委屈，他也不會臉紅脖子粗的去反罵對方，他有自己的原則，是以亦不會以牙還牙的反制對方，他說話總是清晰、得體，並帶著謙虛與幽默。

即便他在世時有傲人的博士學歷與諸多作為，但他從不會形容自己有多偉大或頂尖，並高調地鼓勵大家應來效法他或他所牧養過的教會，即便有這些成就，他永遠都很「D調」，永遠是那樣Decent的調調，永遠那麼正派、有禮、謙遜、紳士。而這樣的「D調」，當然來自基督信仰所給他造就出的生命，一個真正的好基督徒所該有的生命。

周聯華牧師，一個「D調」的牧師，一個有口才去駁倒所有反對聲音、有本錢在信眾面前高調炫耀自己，但卻能夠做到不自誇、不張狂的學者、教授、牧者。如此Decent的人，少見，太少見了！值得各行各業的人學習之。您說是嗎？

你今天樂活了嗎？

Decent是一個很棒的形容詞，願我們在生活中都能學習這樣的榜樣。

第36帖 怒氣，就像二手菸

陳小熊（化名）是一個公司裡的中階主管，這天他在職場上受了不少氣，一回到單位，馬上對著單位裡的同仁飆罵，同仁種種一如往昔的行為，此刻他卻怎麼看都不順眼，罵得單位裡的人好不受傷。回到家後，老婆煮的菜、孩子的提議，他也都覺得樣樣不到位，進而批聲連連。當然，他自己也不好受。

幾天後，他氣消了，但單位裡的同仁見了他的笑臉卻笑不太出來，因為幾天前才被他莫名的傷害過，仍心有餘悸啊！家人呢？幾天前心理受的傷自然也是不在話下。

身為精神科的治療師，我很喜歡這樣形容：怒氣，就像二手菸。可不是嗎？每當我們雷霆大怒的時候，對我們本身固然易有負面影響，但對我們周遭那些吸收到我們怒氣的同儕、家人而言，傷害卻可能更大！

西方有名的君王兼詩人所羅門王，曾在其所著的〈箴言〉中這樣說：「好生氣的人，不可與他結交。」這位智者並沒有要後人都不能生氣，但提醒後人別當一個「好生氣」的人！何謂好生氣？或可解讀為習慣性暴怒、衝動、控制差、容易遷怒別人的生活習性，這樣的人格特質，對群體氛圍的影響是極為不良的；就臨床的角度來看，他們所發出的怒氣猶如「二手菸」，不但對他們自己有害，對旁人的影響更鉅。

親愛的朋友，每個人的人生都有各自的難題或鳥事要去面對，別人面臨的難處不見得比你少。是以如果您是一個「好生氣」的人，不妨提醒自己要克制一下，因為旁人沒有義務要吸收您不健康的負面情緒，無論是您的同事或家人；而如果您身邊有好生氣的人，已對您的精神健康造成了不小傷害，則要懂得在第一時間「適時、適當地迴避」，或別太把對方情緒化的言語給當一回事，如此，才不會讓自己傷得比他本人還重。

怒氣，有時就像二手菸！願我們在發怒前，學習多為身邊的人三思。

你今天樂活了嗎？

脾氣不好，不只是傷害了自己，更是一種「公害」，因為連旁人的生活品質也傷害了。

發脾氣前，先多為身邊您所愛的人們著想。

第37帖 最高級的教養，是能從容面對不喜歡您的人

在歷史上，有一段我很喜歡的記載，是說到耶穌跟他的門徒拿但業初識時的故事。耶穌的故鄉是拿撒勒，是一個不算大都會的小鎮，當時有人想介紹拿但業去認識耶穌，沒想到拿但業一聽，竟說：「拿撒勒還能出什麼好的嗎？」這真是一句很不屑的評語，我們可以易位而思，如果今天有人說您的出身「某大學還能出什麼好的嗎？」「念這種科系還能出什麼好的嗎？」「某縣市能出甚麼好咖嗎？」我們就算不惱羞成怒，恐怕也會一臉不悅。

耶穌也知道了拿但業這樣看低祂，但耶穌卻沒有動氣，反而從容的稱讚拿但業說：「這是一個心理沒有詭詐的人」，誇他這個人說話直腸子、很可愛。後來，拿但業也折服於耶穌，成了他的門徒。

在華人文化中，許多人很強調「教養」二字，何謂教養?每個人的審視指標又都不一樣，但一樣的是，如果有人罵人「沒教養」，那在華人文化中無疑是很重的字眼，因為不但罵了當事人，就連當事人的父母也都罵進去了；然而，什麼又是「有教養」？每個人的想像卻又都不同。我常喜歡這樣形容：最高級的教養，是能從容面對不喜歡您的人。

大部分的人，在面對不喜歡自己的人時，往往氣急攻心、急於反駁，甚至用膨脹自我的方式來昂起下巴應對之；也有心理素質較差的人，會因某些人不認同自己，而夜不成眠、目光無法直視那些人。但一個極有教養的人，往往能從容面對那些不認同自己的人，不對某些偏頗的批評耿耿於懷，不被某些藐視的言論給激怒。

真正高級的教養，不只是表面的「禮節」層次，更是一種「心理素質」的展現。在歷史上，耶穌面對拿但業初識的貶低時所展現出的風範，正是華人所謂「有教養」的最高層次，值得現代人深思、學習。

親愛的朋友，您是一個有教養的人嗎？最高級的教養，是一種高心理素質的展現，是看您我能否不卑不亢、從容自在的去面對某些不喜歡我們的人。願我們都有這樣的素養。

你今天樂活了嗎？

學習換顆坦然的心去面對那些不喜歡您的人，久而久之，您的高度與格局，就會跟那些人不一樣了！

第38帖
您是別人眼中的「年獸」嗎？

過年到了，過去童話故事中有「年獸」這種讓人避之唯恐不及的怪獸，會在過年時出沒，其實，現代仍有年獸、仍有那種過年期間會讓人避之唯恐不及的生物出沒，只要我們一不小心自己的舌頭，我們就會成為許多人、特別是青年人眼中的「年獸」，讓人一見就想逃！我們一不小心就都有可能成為這樣的生物。

容我打趣地這樣說，現代人常易成為的年獸，可以分為兩個品種——「發問型的年獸」與「意見型的年獸」，根據我對社會的研究與觀察，此二品種生物的行為學特徵分別如下：

1 發問型的年獸：這種人，過年一遇到好久不見的人便問：「結婚了沒？怎麼不快結婚啊？」「有對象了沒？要趕快啊！」「在哪工作？月薪多少啊！」「生小孩了沒？怎麼不再多生一個呢？」問得當事人聽得生厭。

2 意見型的年獸：這種人超愛給人意見，也不管當事人跟自己是不是同領域，也不在乎自己的成就若要給人意見是不是有說服力，說穿了，就是「話多」、好為人師。這種人如果真有點真材實學也罷，如果沒有，那才真是叫人受不了。

以上兩個品種的年獸，在如今的社會不算少見！有的其實完全是出於善意、但也有的並非如此。無論如何，都值得我們深切自省，過年時千萬別因口沒遮攔而成為人們眼中的年獸。

在童話故事裡，年獸所得到的待遇，是眾人放鞭炮要把它給驅走；在現代的時空背景裡，過年愛狂發問人隱私、或是愛給意見的人所得到的待遇，到最後恐怕也會是讓人想把他給趕出視線。

過年，是很難得的華人傳統文化，但卻有越來越多的現代人討厭過年！讓我們懂得在年節期間多給彼此祝福，少質問別人的隱私與生涯規劃、少賣老給意見，否則，若弄得現代人越來越討厭過年，那麼過年這個難得的文化遺產，就真的要毀在現代社會中的那些「年獸」們的嘴巴上了。

你今天樂活了嗎？

其實，又何止是過年呢？

在日常生活中，唐突的質問人的生涯規劃、冒失的給人意見，恐怕都容易把大家的關係搞僵了，不但弄得別人不開心，最後自己也落得自討沒趣。

Note 筆記

Note 筆記

Part 4

活得如鷹一樣高飛

第39帖
上帝願意給你神蹟，但你要盡上自己該盡的那一分力

我父親是一位牧師，從小，我就被他期待長大後能成為一個信仰虔誠的信徒，但或許是怕我的信仰淪為迷信，是以我小學時他也常用一個故事來告誡我。

故事是說到有一對信仰敬虔的姊妹，在上學途中因為有點事耽擱而快要遲到了，正當姊妹倆著急時，妹妹說：「姊，讓我們一起向上帝禱告吧，求祂讓我們不要遲到。」說完，便準備跪在路旁禱告，但下跪的動作才做

到一半呢，卻被姊姊給一把拉住，說：「不！我們要邊走邊禱告！」說完，姊姊便拉著妹妹，一邊在心中默禱、一邊向著學校的方向疾步走去。

小時候我父親對我講的這個故事，我一直放在心裡，也對我日後的人生觀產生了很大的影響與省思，我常提醒自己：上帝有能力給人神蹟，也願意給人神蹟，但人們要盡上自己該盡的那一分！

在人類歷史上曾有一場知名的戰役，是西元前猶太民族的領袖基甸，當時只帶領著三百人的軍隊，就打敗了人數數倍於己、配備精良的鄰國入侵者，雙方客觀武力之懸殊，而基甸竟還能打勝仗？很多人說是上天幫了信仰虔誠的基甸與猶太人，是以他們才能獲得如此神蹟式的勝利，然而，文獻裡卻也記載基甸他們在該場戰役中，是用「雖然疲乏，還是追趕」的行動來努力驅敵。我相信上天的確幫了基甸他們，但他們也付上了努力的代價，努力到「即便疲乏、仍不鬆懈」的程度。他們盡上了自己該盡的那一分。

試想，如果一個學生不好好用功，只在禱告中期待上天讓自己在考場上得高分；如果一個上班族不思在自己的專業領域上精進，徒在禱告中要求上天讓他能在職場裡居上不居下；如果一個常說要去改變社會的團體，不積極做出能讓社會有感的事，只關起門來在禱告中數落這個社會的不是。以上的行為恐怕都不能說是虔誠，反倒成了迷信了！可不是嗎？上帝願意給你神蹟，但你要盡上自己該盡的那一分！

很多人都很期待能經歷上天的神蹟，但想想開頭那段上學快遲到的姊妹的故事，在我們向上天祈求的同時，我們盡上我們該盡的本分了嗎？我們的信仰會否無形中落入了迷信而不自知？值得您我深思自省。

你今天樂活了嗎？

很多時候「敬虔」跟「迷信」是不一樣的，一個真正信仰敬虔的人，通常也是一個腳踏實地、築夢踏實的人。

第40帖 你可以不耀眼，但不能沒亮點

管理學中有個詞叫「馬太效應」，常被許多商管界人士給拿出來論述，它其實出自聖經〈馬太福音〉裡的一個有趣寓言故事，說道有個主人要遠行，分別給了他三個僕人各五千兩、兩千兩、一千兩的金錢去管理，結果拿到五千兩、兩千兩拿了各自所被託付的錢去妥善經營，又分別再傳了五千兩、兩千兩，但拿了一千兩的那僕人卻把錢埋在土裡甚麼也不做。

最後，主人回來後對那兩個又賺回五千兩、兩千兩的僕人給予了高度的讚美，但對那拿了一千兩卻甚麼也不做的僕人給了嚴厲的譴責，甚至收

回了那一千兩。管理學中的「馬太效應」也暗指人若積極經營自己的天分、資源，就會越來越旺，而若不好好經營自己，不但不能持守現狀，還會越差越遠。

其實很有趣，我相信在世人的眼中，那個拿了五千兩又賺了五千兩的僕人，應該耀眼多了！因為他成了三人中的首富啊！然而，主人對他的評價，卻跟對那拿兩千兩又賺兩千兩的人的評價，是一樣高的！這預表了在造物主的心中，祂看重的不是你有多少天分、或作出了多少成果，祂看重的是您我有沒有「盡力」，人生盡了力，那麼祂對您我的評價都會是一樣的高；在這則經典寓言故事中，並沒有細述這兩個僕人各自賺錢的故事情節，但我相信，這兩個僕人賺錢的過程中應該有各自感人的故事、有各自的人生亮點。相對而言，那個只把自己人生資產埋在土裡、什麼也不做的僕人，真是虛度得沒什麼看頭，難怪主人最後要看不下去。

是以如果要我用一句話來解讀「馬太效應」背後的寓意，我會說：你可以不耀眼，但不能沒亮點！我們也許不能像那天生拿了五千兩的人一樣，有那樣大的「本錢」，可以活得耀眼而受人矚目，但不代表我們可以自以為合理的消極經營我們的人生，上帝給每個人有不同的特質與背景，每一個人可以發揮出每個人不同的亮點！您積極活出自己人生的亮點了嗎？

人生，不需要去比較最後的成就誰比較大，但要能積極地活出自己的亮點，只要用正確的態度努力經營好自己的人生，在造物主眼中，我們都是配獲得同等讚許的人。

你今天樂活了嗎？

很多人會用「如鷹展翅」這句話來祝福別人或期許自己，據生物學家說，當老鷹奮力俯衝時，時速竟可達320公里！

老鷹展翅時何等的努力！

願我們也都能學習這樣的老鷹精神去活出自己的亮點。

第41帖 您有感動，但您「敢動」嗎？

曾經有一場聚會，幾個社會賢達、作家、牧師聚在一起聊天，這些在場人士的職業雖不同，但卻有個共同點，就是他們常在各地分享一些能使人變得更好的建言或見證，目的是希望使社會更好。聚會中，其中一個人半開玩笑半認真的問大家：「我們每個人每年都站在臺上對成千上萬的人演講，各位說說，您覺得有幾成聽過您演講的人，後來人生真的被改變了？」全場一陣寂靜，之後陸續有人開口了，有人說兩成、有人說一成，也有人說可能不到百分之一。

這些都是有熱忱，且生命見證撼動人心的各界有心人士，他們的演講常讓許多人聽了深深受感，但他們卻也承認，之後真正能有所轉變的人似乎是相對少數。

人，是感情的動物，是以我們常會因聽聞別人的美好見證或例子而深受感動與激勵，然而，近年來社會也有個新興名詞叫「無動機症候群」，形容許多人對任何事都缺乏改變的動機，人生得過且過；這雖不是一個正式的醫學診斷，但卻貼切的描述了某些社會現象。或許是上天早已預見人類社會會有這樣的現象，是以《聖經》上有句頗具寓意的名言：「要行道，不要單單聽道。因為聽道而不行道的，就像人對著鏡子看自己本來的面目，看見，走後，隨即忘了他的相貌如何。」此話是用一個人照了鏡子看到自己儀容不整，但卻無意梳理的行為，來比喻那些雖知自己問題卻不願意改變的人們。

其實，改變是需要勇氣的，需要「敢」去承認自己的壞習慣、「敢」去處理自己的惰性、「敢」去付出時間與努力、「敢」踏出自己不擅長的領域、「敢」放下身段去嘗試。而當一個人缺乏勇氣時，種種藉口就會隨之而來。

人是有感情的動物，所以容易被感動，但改變更需要的是勇氣，您「敢動」嗎？如果您常有感自己在人生中的某方面需要被轉變，不妨祈求上天賜給您我多一點勇氣來當作驗證，讓我們能翻轉我們的人生。而當您「敢」開始這麼做的時候，您其實已勝過那些懼於改變的相對多數人們了，慢慢的，您跟他們的差距便會逐年拉開。

你今天樂活了嗎？

很多時候，您所缺乏的只是一點點的「勇氣」，有時生活中來一點改變的勇氣，人生就會多出許多驚喜與感動。

第42帖 別讓你的職涯規劃，隨著愛看熱鬧的人起舞

一個成熟的人，往往具有能「靜」得下心來的特質。

喬治是一位善良的青年，他的父親生前經營了一間自己的小公司，他跟父親的所學專長雖完全不一樣，但父親卻也以他為榮。他父親過世時，治喪期間，來了不少平時不常見面的長輩與友人，大家除了致哀外，也關心起他父親那間小公司未來的存廢，不少人你一言我一語的說：「你當然應該子承父業啊！」「在這個時刻，你父親若知道你肯繼承他的事業，一

定可以很安慰的安心闔眼。」

於是，喬治馬上辭去了原本的工作，真的回到家裡繼承他父親生前的小公司，但他根本不是做這一行的料，過去對從事這一行也沒有特別的使命感，只是父親過世期間眾人的期許言詞太過感人，讓他做出了生涯上的重大決定！過了一陣子，心情平靜了，他發現自己所愛的工作跟父親生前所愛的工作實在不一樣，是以他做得很辛苦也不快樂。至於前一陣子那些鼓勵他這麼做的人呢？早就散了！那些七嘴八舌的人們本來就只是一群看似有關係但卻不熟的人，給完幾句聽起來激勵、催淚的建議後就走人了，至於喬治因那些人的言論而在職涯規劃上所做出的重大改變，最後，當然是只有他自己一個人要去面對。

其實那些給喬治意見的人雖然不瞭解喬治，但初衷仍是好的，這種人並不是「壞人」，但卻常易成為「壞了事的好人」；當然，最後的決定仍是喬治自己做的，喬治自己還是應負最大的責任。

這社會就是有許多人也許沒有惡意，但的確很愛給人意見，除了上述喬治的例子外，生活中許多人也喜歡起鬨說：「快結婚啊！」「快生孩子啊！」「再多生一個啊！」之類的話，但他們絕大多數講完後，並不會參與或分擔他們那些人生建議所可能為您帶來的辛勞。

是以我常喜歡與人分享一個觀點—別讓你的職涯規劃，隨著愛鼓譟的人起舞！許多人可能根本不瞭解您的性格與夢想，但卻很愛給人意見，他們不壞，但是話多、愛敲邊鼓，這種人不必去敵視他們，因為他們畢竟沒有惡意，但也不一定要隨著他們的意見起舞，因為他們所給您的意見，恐怕並沒有真的爲您深思過，只是因為話多，所以就吐出口了。

別讓你的職涯規劃，隨著話多、愛看熱鬧的人起舞！別人可能會出於一時的氛圍而給了您聽似清高的人生建議，但他們可能未必有為您熟慮過，若是凡事隨著愛起鬨的人起舞，他們最後不但不會為他們所給的建議負責，甚至連陪在您身邊都無法做到，是以無論您最後做了甚麼決定，仍然要自己去面對。

一個成熟的人，往往能靜得下心去尋求自己的定位與方向。願我們都能培養出這樣的成熟特質。

你今天樂活了嗎？

能「靜」得下來，是一種難能可貴的優勢，在面對七嘴八舌的意見時，要懂得沉澱自己，人生才不會亂。

第43帖 成功者的心，是強化玻璃做的

在歷史上，耶穌常發表許多精妙的言論，但祂的家世背景並不算好，祂的父親只是個做木工的藍領階級，所以當時曾有人故意揶揄祂：「這不就是那木匠的兒子嗎？他的母親不是叫馬利亞嗎？」刻意藉由祂的出身，來貶低祂、嘲諷祂，然而，祂並沒有因此氣急敗壞的改變祂的人生目標，祂繼續到處傳講祂所要傳講的話語。在歷史上，從來沒有任何人的言論能像他的言論一樣被廣為流傳至今，祂沒有因為別人毒舌的嘲笑自己的出身背景，而惱羞成怒或自卑退縮，祂繼續做祂該做的事。

這世代有個形容詞叫「玻璃心」，形容有些青年人不堪被人揶揄或看扁，甚至連中等、輕等程度的批評都無法接受，一聽到某些質疑自己的詞句就會一蹶不振、放棄目標，甚至自憐自哀、憤世嫉俗。這樣的狀況若不改善，恐真難成大事。君可觀察自己職場上或專業領域中相對有成就的同儕或前輩，他們各有所長，但往往有一個共同特點，就是比較耐得住批評或攻訐。然而我們畢竟都不是聖賢，面對批評很難完全沒有「玻璃心現象」，但通常一個能成大事的人，的確比較耐得住消遣或惡意批評，是以我喜歡這樣形容：成功者的心，是強化玻璃做的。強化玻璃不是不會破，但絕不會被東西一碰就碎。

可不是嗎？無論別人的批評有沒有道理、有沒有見識、是不是出於無心，如果我們太容易因為一點不算嚴重的批評就「心碎」，那即便您再有創意、再懷有才華、再自命不凡，恐怕也都難成大器。

成功者的心，是強化玻璃做的。當您有心上進時，這個社會並不會總是給你祝福或溫暖，這個社會難免會有人防你、嫉你，或是講了無心的話不小心碰到你，這就是社會現實面；面對這樣的現象，告訴自己要堅強一點。也許有些人會嫌棄您不夠格做某些事，但若您真有明確的異象、使命感，那就持續做下去，很多事情做久了，就是您的！撐久了，您就是專家！練習讓自己的心不要被那些刀子口給一碰就碎，否則，再有成事的理念也都只能是枉然。

你今天樂活了嗎？

據科學家說，當老鷹盯準一個目標時，便會全力朝它衝刺！我們的人生也有值得奮進的目標，是以不要把焦點給放在無意義的批評上，不要太容易因為一點批評就心碎，要做一個耐得住碰撞的器皿。

第44帖 用「指點」代替「指指點點」

我在大學教授精神科職能治療相關的課程，因為學生們畢業前一年都要去醫院實習，是以我很喜歡問那些去過精神科實習過的學生們，有沒有什麼特別有成就感或挫折的事？大部分的學生均覺得在臨床上很能學到的東西，並提到許多臨床前輩對他們的指導或建言，讓他們覺得非常受用；然而，卻也有極少的時候，由於他們尚未進入狀況、臨床技巧也較稚嫩，偶爾有極少數的臨床前輩，會在他們執行治療業務時，在一旁指著他們訕笑、指指點點，這常讓剛接觸臨床事務的他們感到非常受傷。當然這種狀況相對極少發生。

其實後輩們的能力與經驗必然比不上前輩，如果把上述的狀況簡單的用一句話來詮釋，我可以說：他們所需要的是「指點」而非「指指點點」。而這也給了我不少的自省，我會不會一不小心不但沒有幫到人，反而徒傷了人的心？

如果各位留意一下就可以發現，這個時代似不乏挖苦職場上的年輕人的論點或文章，但這卻也讓我想起幾年前曾受邀幫作家前輩鹿溪女士的傳記書《幸福到老》寫序，她書末有篇文章叫「祝福：老人的功課」，該文所要傳達的精神，不外乎前輩們應該多給後輩祝福，而不是老拿自己過去的陳年偉業，來揶揄現在尚在努力中的年輕人的表現，或是刻意否定後輩，以防後輩們的成就超過當年的自己。鹿溪女士主張用祝福的心來幫助提攜後進，或許也正是這樣的格局與眼界，讓作家鹿溪女士身邊的許多年輕後輩對她的評價甚高。

這個社會實在需要多一點祝福與正向的經驗分享，不妨讓我們一起學習用「指點」來代替「指指點點」。什麼？您覺得自己好像也沒有辦法去給予某些人太多的指點？或是您的看法總被人給認為不合用？那麼，您更不該對其指指點點了！因為這代表您並沒有比那些後輩們高明到哪去！或是相對於他們，您也沒有太多足以服人的成就；這時，恐怕把消遣他們的時間拿給來精進自己，才是您眼下該做的事，否則，哪一天您比他們還先被淘汰了也未可知。

你今天樂活了嗎？

善待您的後輩，多給後輩一點祝福與肯定，到頭來受益最深的說不定會是您自己。

第45帖 大衛王和他的「老天鵝」

近年來社會上有句話很有趣，叫作「我的老天鵝！」很多人一開始聽得一頭霧水，為何有「天鵝」呢？其實這句話是「我的老天」──「我的老天爺。」的KUSO版。把一般人在沮喪或崩潰時所會講的「天吶」給莞爾化。

其實，「我的老天。」這種嘆詞在各種語言中都有出現，英文叫「Oh, my God.」，猶太人說「耶和華啊」，這些話其實跟今天網路上常講的「我的老天鵝。」雖屬不同語言，但卻有類似的意涵。

在歷史上，哪個猶太人最喜歡講「我的老天鵝」？如果您問我，我的答案會是《聖經》中的大衛王。大衛王在〈詩篇〉所留下的詩詞作品中，常吶喊類似的話，如果套用今天的用詞，這些吶喊就是：

「我的老天鵝啊！我的敵人何其加增。」

「我的老天鵝啊！求祢使外邦人恐懼。」

「我的老天鵝啊！求祢將祢的道指教我。」

「我的老天鵝啊！求祢速速應允我！我心神耗盡！」

很多人覺得一個有信仰的人該永遠正向，但大衛王所留下的詩詞卻很有意思，在他所留下的詩詞中，除了祈求以外，還有些很特別的部分。比方說，他居然常在詩篇中咒罵自己的敵人！今天如果哪個人在禱告中咒罵自己在職場上的敵人，恐怕要被屬靈長輩給糾正了；他還講了許多自貶、喪氣的話，甚至哀哭，這如果在今天恐怕也要被許多屬靈長輩給議論為「沒有信心」了。

上帝為何讓這些詩篇留到今天？我相信上帝並不樂見我們常咒罵自己的敵人、也不忍心看我們常自哀自憐，但祂絕不輕看我們的軟弱，也容忍我們的不完美。

當我們有情緒的時候，上帝的態度並不是去苛責我們為何沒有成為聖人，而是不輕看我們的軟弱與情緒。以至於，當年大衛王在低潮時敢來到主面前頻頻呼喊：「我的老天鵝啊」

親愛的朋友，您也喜歡在生活中講「我的老天鵝」嗎？若能來上帝的面前，這句話將不只是無奈，更可能是重新得力的開始。

你今天樂活了嗎？

把人生的難處給帶到上帝的面前，祂必會為您指引一條可以走的路。

第46帖 上班，是一種靈修

有一位年輕的神職人員，慕名到一位資深的神職人員所主持的修道院裡去修行，那位資深的神職人員問：「你為何想來我這裡？」那位年輕的神職人員滿腔理想的回答：「我想跟著您在這裡修行！這樣我以後講道就可以講得更好，讓更多人受益。」那位資深的神職人員聽完他的期待後，便笑了笑，說：「離開我這修道院，到鎮上去找一份工作。」那位期待讓自己講道講得更好的年輕神職人員還以為自己聽錯了，資深神職人員又說了一次：「離開這修道院，到鎮上去找一份工作。」於是乎，他摸摸鼻子，真的到鎮上去找工作了。

沒多久，鎮上開始有關於那位年輕神職人員的消息傳回修道院裡，有時是他跟人意見不和、也有時是他惱羞成怒跟人起了衝突，又過了一陣子，開始有些關於他在鎮上工作時的善行傳回了修道院裡。後來，那位年輕的神職人員回到修道院裡，老神職人員問他：「你的修行還順利嗎？」那位原本意氣風發的年輕神職人員回答：「收穫滿滿！我現在更有把握可以對信眾講出更好的人生道理了！」

我很喜歡和人這樣比喻：上班，是一種修行！是一種靈修！很多人也許可以熟背許多信仰經典，但若沒有實戰經驗，那些經典將只是知識而非生命。可別小看您日常朝九晚五的工作！在上班時，您會碰到奸巧的人，讓您可以修練「饒恕」的功課；您會碰到不可愛的人，讓您可以修練「愛」的功課；您會碰到不認同您理念或信仰的人，讓您可以修練「和平」、「協調」的功課；您也會碰到比你優秀且又敢於和你競爭的人，讓您可以修練「謙卑但不自卑」的功課。上班，可以讓您不要只活在自己的同溫層裡，可以讓您更能夠學習靠著聖靈去修正自己的品德、修正自己的處事風格。上班，不但一點都不世俗，上班，可以是一種很好的靈修。

您常覺得自己的工作環境很黯淡、無味嗎？也許上天正是要您從中操練，學習發光，學習為這個社會調味。

你今天樂活了嗎？

用不一樣的眼光去看待您的工作，您會從中學習到許多上天要您學的功課。

第47帖 給自己一點「無心假」，生活會更有力

很多人說工作累，但其實就我的觀察，現代人有時放假也挺累的。許多人放了假出去玩，每到一個景點必打卡、拍照，照片若沒拍好還得氣急的重拍，為什麼？因為這樣上傳社群網站後，才夠炫，至於自己在景點的當下有否靜下心來享受其中？似乎已不再是最重要的了。

也有的時候，某些假期還跟節日綁在一起，這讓許多上班族不得不花心思去想，該送禮給誰？送怎樣的禮才適切？弄得好不疲憊；也有的人爲了假期該去哪裡玩而與身邊的人吵架，為什麼？因為會「比較」！比方說

看到上次某同事去了哪裡，便覺得應該輸人不輸陣，覺得自己在假期的行程規劃上怎能被人看輕呢？但卻弄得自己好累。無怪乎越來越多上班族向我提到：有時放假也挺累的！

上述狀況也許無可厚非，或亦可以說是出於無奈、身不由己，但我常提醒，其實現代人需要放一點「無心假」，什麼是無心假？是指沒有心機要去活給別人看、不需太用腦的悠哉行程，甚至不用去什麼特別的地點，喝杯咖啡或下午茶也可以，總之，讓自己全然放空幾個小時，暫時抽離、彷彿暫時脫離地球表面，不用去想生活瑣事，即便時間不長，也算我這裡對「無心假」的定義。

現代人在職場上若要能生存，很注重「創意」而非一成不變，彷彿沒了創意就會被這多變的世代給淘汰，這是現代人工作有趣的地方，卻也常成為現代人工作的壓力源。曾經有國外的心理職能治療學者指出，創意的誕生往往需要「潛伏」，亦即讓自己放空，先不去想工作的事，放開心去看看四周，這時也許您看似沒有在想正經事，但大腦潛意識裡仍有可能在運作相關資訊，有時忽然看見某個東西，頓時靈光一閃！一個有創意的發想就誕生了！暫時讓自己放開心、沒有得失心的去閒晃一下，有時反而比您一直埋頭苦幹要來得更有效益。

親愛的朋友，您累了嗎？您想讓自己的工作更有力嗎？給自己一點「無心假」！讓自己沒有比較心、沒有工作心的去放個小假，或放空個幾個鐘頭，不但能讓自己獲得真正的喘息，更可以讓您激盪出更多創意，讓您在回到工作崗位時更有力！

你今天樂活了嗎？

懂得真正的休息，不要連放假都是在活給別人看，如此，您的人生才能得到真正的放鬆。

第48帖 與你的焦慮感簽訂「和平協議」

我常聽人說我們應該要設法「去除」心中的焦慮，或是「消滅」心中的焦慮感。這似乎是許多人的期待與祈求。

但身為一個精神科職能治療學者，我必須說，「焦慮」其實是上天賦予人一種心智機制，它不見得是壞事。事實上，一個完全不會焦慮的人反而是值得我們擔心的，因為這種人亦將不會有上進心，亦難以能有多大的成就。焦慮，有時反而是上天賜給我們的禮物，促使我們成為一個更好的人。

當然，焦慮若過了頭，那會成為「病」，過度的焦慮會影響我們的幸福感，甚至會影響我們的職能生活、影響我們的表現。焦慮，是很微妙的情緒，我們固然需要有它來督促自己進步，但又要讓它不過度的侵犯我們的幸福，是以我常說：我們就要在心中懂得與自己的焦慮簽訂「和平協議」，要懂得與它微妙的共存。而如何讓焦慮感適度存在、且不讓它越雷池一步？我們可以掌握以下三個原則。

1 先專注做好今天的事：事情一件一件做，未來固然有些挑戰可能我們不一定能應付得很好，但眼前總有我們能得心應手的事可以處理。有句名言說：「明天自有明天的憂慮，一天的難處一天當就夠了」，先別預支明天的煩惱，把今天的事處理好，其實也等於為明天的勝利打好了基礎。

2 過於焦慮時，找人聊聊：人，朋友不一定需要多，但一定得要有知心的朋友，哪怕只有一、兩個也好，要有你信得過且他們的話你也聽得下去的朋友，有句話說：「一句良言使心歡樂」，深陷焦慮時，密友的一句話，往往能對我們有意想不到的寬心效果。

3 焦慮時，別拿親近的人當出氣筒：許多焦慮的人會連帶影響身邊人的情緒，為什麼？因為每當他焦慮時，急得氣沒處發，便開始怪罪、歸咎於身邊的人，與其說這是一種情緒，倒不如說這是一種很不好的「習慣」，把這個習慣給改改吧！免得破壞感情。你的情緒當然值得被在乎，但你身邊的人也沒有欠你。

焦慮不全然是壞事，但要懂得與自己的焦慮簽訂「和平協議」，別讓它越界侵犯了你的生活、人際關係。學習與自己心中的焦慮感和平共處，是每個人邁向成熟人生所需面臨的課題。

你今天樂活了嗎？

適度的焦慮絕對不是壞事，但不要讓它越界侵犯了您的生活與社交。

第49帖 酸言，就像黏在鞋底的口香糖，不會真的傷到你

現代人似乎很難樂活？因為在這個世代，網路霸凌或是某些酸言，常讓許多人不堪其擾。這世代，難免有人會用難聽的話消遣你、質疑你，或是藉由消費你來提升他自己的話題性。這種文化常讓某些人氣到發昏，甚至有些人因此陷入憂鬱，或是因而對人生躊躇不前。

這些酸言可以不理它嗎？好像也沒那麼容易！它們的確會困擾人。但我喜歡這樣比喻：酸言，就像黏在鞋底的口香糖，也許很討厭！也許會掃興，但是卻不會真的「傷」到你。

您有走在路上踩到口香糖的經驗嗎？感覺真的很不好，也很不便，甚至會引起同行者的訕笑。但想想，這好像也不是什麼大事。如果一個人因為在路上踩到口香糖就氣憤得當眾尖叫，甚至嘔到折返、放棄了原本所預計要前往的重要目的地，那麼您恐怕會覺得：這樣的人，心理素質也太差了！難成大器。然而，我們卻常因為類似的狀況而在人生道路上止步！因為偶爾遭逢某些其實無法真正傷及您的「酸言」而放棄了原本的目的地，想一想，何等不值。

在路上踩到口香糖，很討厭！處理方式也不止一種，您可以私毫不理它，也可以花幾分鐘停在路邊處理一下它，但是，您不該蠢到就此放棄了原本所要前往的目的地。這個世界本來就不會是全然完美，當您走在某條路上時，不是每個人都會對您報以甜蜜的祝福，或多或少總會有人要酸你一下、妒你一下、攻訐你一下；不遭人嫉是庸才，如果您根本沒斤兩，別人還懶得這麼做呢！那些酸言無論講得再慷慨，其目的不正是怕您真會越來越好、要您止步嗎？您若真止步了，那不正如了那些惡者的意？

親愛的朋友，您曾因為在人生的路上踩到某些酸言酸語而沮喪的放棄了目的地嗎？快別鬧了！調適一下，繼續大步向前，往您的人生目標邁進。

你今天樂活了嗎？

據說鷹的視力非常好！善於看遠！
願您我在人生的道路上也能有這樣的視野與遠見，凡事看遠一點，
就不會被眼前腳下的小事給擊倒。

第50帖 一年四「記」

這幾年，隨著人口的高齡化，老人心理健康在醫療界成了重要的課題。無獨有偶，在歷史上，很多老人家都很會寫詩！比方說唐代的官員白居易，在他晚年有首作品《除夜》，寫道：

病眼少眠非守歲，老心多感又臨春。
火銷燈盡天明後，便是平頭六十人。

這是他晚年的代表作之一。在這作品中，可看得出來在歷史上有「詩仙」封號的他，文筆老練、思緒澎湃，並透過這篇作品來感嘆歲月無情、悲傷人已老去；但容我在此以精神健康的角度評述一下這首詩：他在詩中所流露出的不甘心與多愁善感，或許也正是造成他在詩中開頭所提之失眠現象的主因。

那在西方歷史呢？當然也有不少老人家是寫詩的高手！比方說，赫赫有名的帝王詩人大衛，也曾在他晚年時留下一篇著名的詩篇作品：「我的心哪，你要稱頌耶和華！不可忘記祂的一切恩惠！祂以仁愛和慈悲為你的冠冕。用美物使你所願的得以知足，祂不長久責備，也不永遠懷怒。祂沒有按我們的罪過待我們，也沒有照我們的罪孽報應我們。我的心哪，你要稱頌耶和華！我的心哪，你要稱頌耶和華！」

我是一個精神科的治療師，若以「老人心理健康」的角度來看、並把寫詩給視為是一種「投射」，那麼大衛王晚年所投射出的心境顯然比白居易正向多了！如果要我評論，相對於白居易的這篇作品感慨一年四季的快速逝去，大衛王這篇詩篇代表作，則不斷地提醒自己一年四「記」，這或許也是大衛王晚年比白居易活得更正向的原因。大衛王的作品提醒了世人一年的哪四「記」呢？

1 記得用讚嘆的心看世界：大衛王的一生絕對稱不上是一帆風順，但他在這篇晚年的代表作中，卻一開始就去稱頌、讚美上天的作為。或許人生真的不完美，但若能用不同的心境去看待這世界、去回首來時路，學習常用讚嘆的心去看待這世界，我們的心情會大不一樣。

2 記得上天的良善：他在這篇作品中特別提及不可忘記上天的恩惠，

在他的信仰裡，造物主是良善的。的確，如果您願意留心體會，您也將發現，造物主總是願意助我們去度過許多人生難題。

3 記得自己也不完美：他在這作品中也提到上天「沒有按我們的罪過待我們，也沒有照我們的罪孽報應我們」，這詞句的背後除了慶幸之外，更多的是謙恭自省！這是個網路的世代，是以常有很多的「鍵盤殺手」！動輒躲在非真名的帳號後面，韃伐自己看不順眼的人，但我們在攻訐別人時會否都常忘了，自己也有很多不完美？

4 記得以仁慈待人：這位帝王提醒自己應「以仁愛和慈悲為冠冕」，很多苦出身的人，到了高位後，就喜歡給後輩排頭吃！但這樣狹隘的心胸，反而很難服人，也很難使自己獲得真正的喜樂。

光陰，誠如白居易所感慨的，一年又一年過得飛快！但要謹記大衛王依自己人生經歷所淬練出的一年四「記」原則，記得用讚嘆的心看世界、記得上天的良善、記得自己也不完美、記得以仁慈待人，您的幸福指數必能飆高。祝福您年年都喜樂、年年都豐盛。

你今天樂活了嗎？

每一年，提醒自己「一年四記」的原則，您會活得更有勁！

主流出版
所謂主流，是出版的主流，更是主愛湧流。

主流出版旨在從事鬆土工作—
希冀福音的種子撒在好土上，讓主流出版的叢書成為福音與讀者之間的橋樑；
希冀每一本精心編輯的書籍能豐富更多人的身心靈，因而吸引更多人認識上帝的愛。

心靈勵志系列

信心，是一把梯子（平裝）／施以諾／定價 210 元
WIN TEN 穩得勝的 10 種態度／黃友玲著、林東生攝影／定價 230 元
「信心，是一把梯子」有聲書：輯 1 ／施以諾著、裴健智朗讀／定價 199 元
內在三圍（軟精裝）／施以諾／定價 220 元
屬靈雞湯：68 篇豐富靈性的精彩好文／王樵一／定價 220 元
信仰，是最好的金湯匙／施以諾／定價 220 元
詩歌，是一種抗憂鬱劑／施以諾／定價 210 元
一切從信心開始／黎詩彥／定價 240 元
打開天堂學校的密碼／張輝道／定價 230 元
品格，是一把鑰匙／施以諾／定價 250 元
喜樂，是一帖良藥／施以諾／定價 250 元

TOUCH 系列

靈感無限／黃友玲／定價 160 元
寫作驚豔／施以諾／定價 160 元
望梅小史／陳詠／定價 220 元
映像蘭嶼：謝震隆攝影作品集／謝震隆／定價 360 元
打開奇蹟的一扇窗（中英對照繪本）／楊偉珊／定價 350 元
在團契裡／謝宇棻／定價 300 元
將夕陽載在杯中給我／陳詠／定價 220 元
螢火蟲的反抗／余杰／定價 390 元
你為什麼不睡覺：「挪亞方舟」繪本／盧崇真（圖）、鄭欣挺（文）／定價 300 元
刀尖上的中國／余杰／定價 420 元
我也走你的路：台灣民主地圖第二卷／余杰／定價 420 元
起初，是黑夜／梁家瑜／定價 220 元

太陽長腳了嗎？給寶貝的第一本童詩繪本／黃友玲（文）、黃崑育（圖）／定價 320 元
拆下肋骨當火炬：台灣民主地圖第三卷／余杰／定價 450 元
時間小史／陳詠／定價 220 元
正義的追尋：台灣民主地圖第四卷／余杰／定價 420 元
宋朝最美的戀歌—晏小山和他的詞／余杰／定價 280 元

LOGOS 系列

耶穌門徒生平的省思／施達雄／定價 180 元
大信若盲／殷穎／定價 230 元
活出天國八福／施達雄／定價 160 元
邁向成熟／施達雄／定價 220 元
活出信仰／施達雄／定價 200 元
耶穌就是福音／盧雲／定價 280 元
基督教文明論／王志勇／定價 420 元
黑暗之後是光明／王志勇、余杰主編／定價 350 元

主流人物系列

以愛領導的實踐家（絕版）／王樵一／定價 200 元
李提摩太的雄心報紙膽／施以諾／定價 150 元
以愛領導的德蕾莎修女／王樵一／定價 250 元
以愛制暴的人權鬥士：馬丁路德金恩博士／王樵一／定價 250 元
廉能政治的實踐家：陳定南傳／黃增添／定價 320 元

生命記錄系列

新造的人：從流淚谷到喜樂泉／藍復春口述，何曉東整理／定價 200 元
鹿溪的部落格：如鹿切慕溪水／鹿溪／定價 190 元
人是被光照的微塵：基督與生命系列訪談錄／余杰、阿信／定價 300 元
幸福到老／鹿溪／定價 250 元
從今時直到永遠／余杰、阿信／定價 300 元

經典系列

天路歷程（平裝）／約翰・班揚／定價 180 元

生活叢書

陪孩子一起成長（絕版）／翁麗玉／定價 200 元

好好愛她：已婚男士的性親密指南／ Penner 博士夫婦／定價 260 元

教子有方／ Sam and Geri Laing ／定價 300 元

情人知己：合神心意的愛情與婚姻／ Sam and Geri Laing ／定價 260 元

學院叢書

愛、希望、生命／鄒國英策劃／定價 250 元

論太陽花的向陽性／莊信德、謝木水等／定價 300 元

淡水文化地景重構與博物館的誕生／殷寶寧／定價 320 元

紅星與十字架：中國共產黨的基督徒友人／曾慶豹／定價 260 元

中國研究叢書

統一就是奴役／劉曉波／定價 350 元

從六四到零八：劉曉波的人權路／劉曉波／定價 400 元

混世魔王毛澤東／劉曉波／定價 350 元

鐵窗後的自由／劉曉波／定價 350 元

卑賤的中國人／余杰／定價 400 元

納粹中國／余杰／定價 450 元

今生不做中國人／余杰／定價 480 元

香港獨立／余杰／定價 420 元

公民社會系列

蒂瑪小姐咖啡館／蒂瑪小姐咖啡館小編著／定價 250 元

青年入陣：十二位政治工作者群像錄／楊盛安等著／定價 280 元

心靈勵志系列 14
〈施以諾的樂活處方〉用錢買不到的 50 帖開心良方

作　　者｜施以諾
社　　長｜鄭超睿
主　　編｜李瑞娟
封面攝影｜施郡欽
整體造型｜林怡清
版型及封面設計｜ ANZO Design Co.

出版發行｜主流出版有限公司
Lordway Publishing Co. Ltd.
出 版 部｜臺北市南京東路五段 389 巷 5 弄 5 號 1 樓
電　　話｜ (02) 2766-5440
傳　　真｜ (02) 2761-3113
電子信箱｜ lord.way@msa.hinet.net
劃撥帳號｜ 50027271
網　　址｜ https://lordway.com.tw

經　　銷
紅螞蟻圖書有限公司
臺北市內湖區舊宗路二段 121 巷 19 號
電　　話｜ (02) 2795-3656
傳　　真｜ (02) 2795-4100

華宣出版有限公司
新北市中和區連城路 236 號 3 樓
電　　話｜ (02) 8228-1318
傳　　真｜ (02) 2221-9445

2020 年 5 月｜初版 1 刷
2024 年 8 月｜二版 7 刷
書　號：L2001
ISBN：978-986-98609-2-5 (平裝)
Printed in Taiwan

國家圖書館出版品預行編目 (CIP) 資料

〈施以諾的樂活處方〉用錢買不到的 50 帖開心良方 / 施以諾作 -- 初版 . -- 臺北市：主流，2020.05

面；　公分 . -- (心靈勵志系列 ; 14)

ISBN 978-986-98609-2-5 (平裝)

1. 人生哲學 2. 生活指導

191.9　　109006184